Karl König

Die ersten drei Jahre des Kindes

für Melissa
und Alex
im Advent 2016
von Verena

Karl König

Die ersten 3 Jahre des Kindes

Erwerb des aufrechten Ganges
Erlernen der Muttersprache
Erwachen des Denkens

Verlag Freies Geistesleben

Karl König, geboren am 25. September 1902 in Wien, gestorben am 27. März 1966 am Bodensee, studierte Medizin in Wien, begegnete 1921 der Geisteswissenschaft Rudolf Steiners und war in der anthroposophischen Heilpädagogik unter Leitung Ita Wegmans tätig. 1938 emigrierte er und baute im schottischen Exil die Camphill-Gemeinschaft auf, die nach dem Zweiten Weltkrieg eine internationale Ausbreitung erfuhr. König war einer der kreativsten, spirituell fortgeschrittensten und eigenständigsten Schüler Rudolf Steiners.

Die erste Auflage erschien 1957 als Band 17 der Reihe *Menschenkunde und Erziehung. Schriften der Pädagogischen Forschungsstelle beim Bund der Freien Waldorfschulen*

Neuausgabe 2013
4. Auflage der Taschenbuchausgabe

Verlag Freies Geistesleben
Landhausstraße 82, 70190 Stuttgart
www.geistesleben.com

ISBN 978-3-7725-2653-4

Umschlagfoto: Charlotte Fischer,
ArtisticCaptures / iStock
Satz: Bärbel Schubert
Druck: C. H. Beck Nördlingen
Printed in Germany

Inhalt

Vorwort zur 1. Auflage

Die drei ersten der hier folgenden Aufsätze wurden zuerst in der Zeitschrift für Heilpädagogik, *Das Seelenpflege-bedürftige Kind*, veröffentlicht und sollten aus diesem Blickpunkt her verstanden werden. Dem Verfasser standen bei der Darstellung des großen und einheitlichen Menschenbildes die ihm in Hunderten von Einzelfällen bekannten Verzerrungen und Verbildungen vor Augen. Dadurch aber konnte der Blick auf das Urbild der ersten drei Jahre des Kindes besonders klar gerichtet werden.

Dabei war es ein wesentliches Anliegen, auf die drei Gaben hinzuweisen, die jedes Kind durch das Tor der Geburt sich mitbringt: Der Erwerb des aufrechten Ganges, des Sprechens und des Denkens werden hier untersucht. Denn es geht dem Verfasser dieser Schrift um die Schritte, die der geistige Teil des Menschen bei seiner Entfaltung in der frühesten Kindheit vollzieht. Nicht aber geht es hier um die Darstellung der Entwickelung der animalischen und vegetativen Natur. Damit soll aber keineswegs mit Verachtung auf jene Seite der menschlichen Existenz geblickt werden. Deren Werden während der Jahre des Kindseins ist jedoch schon öfter dargestellt worden und bedarf nicht einer erneuten Beschreibung.

Gehen, Sprechen und Denken hingegen sind ihrer Würde gemäß noch kaum untersucht worden. Es gibt darüber zwar viele Einzelbeobachtungen und eine große Menge von Darstellungen; aber der «Würde» des Ganges, der Sprache und des Gedankenbildens, so wie sie Rudolf Steiner als «spirituelle Gaben» beschrieben hat, ist noch kaum Gerechtigkeit widerfahren. Und doch sind es diese drei königlichen Gaben, die den Menschen erst zu dem machen, was er wirklich werden kann: ein erkennendes und sich selbst erfragendes Wesen.

Deshalb hat es der Verfasser auch für angebracht gehalten, einen vierten, größeren Beitrag den ersten drei hinzuzufügen. In diesem wird die Entwickelung der erstmals von Rudolf Steiner beschriebenen höchsten Sinne des Menschen, des Wort-, Gedanken- und Ich-Sinns, dargestellt. Denn erst wenn diese Sinne als Ergebnis der Entfaltung von Gehen, Sprechen und Denken erkannt werden, kann ein wirkliches Verständnis für das Erwachen des Menschengeistes während der ersten drei Lebensjahre gewonnen werden.

Damit aber wird ein Beitrag geleistet, der ein

neues Licht in die verborgenen Gründe des kindlichen Werdens wirft. Dem Verfasser war es, als wäre es erst jetzt «an der Zeit», diese Gedanken und Überlegungen einem weiteren Kreis von Lesern mitzuteilen. Er hofft auf ein mitgehendes Verstehen.

Im Januar 1957 *Karl König*

Einleitung

In den ersten drei Jahren seiner kindlichen Existenz erwirbt der Mensch diejenigen Fähigkeiten, die ihm hier auf der Erde die Möglichkeit seines Menschseins vermitteln. Er lernt im Ablauf des ersten Lebensjahres zu gehen, erwirbt im zweiten Lebensjahr das Sprechen und erlebt im dritten Jahre das Erwachen des Denkens.

Als hilfloser Säugling wird er geboren und wird erst durch den Erwerb dieser drei Eigenschaften ein Wesen, das sich selbst benennen kann, das eine freie Beweglichkeit erwirbt und mit Hilfe der Sprache in bewußte Kommunikation mit der Umwelt der anderen Menschen tritt. Eine Art von dreifachem Wunder vollzieht sich dabei, denn es ist mehr als Instinkt, mehr als Anpassung, mehr als Entfaltung vererbter Eigenschaften, was sich hier offenbart.

Das Erlernen der drei fundamentalen menschlichen Fähigkeiten ist ein Gnadenakt, der jedem Menschen verliehen wird und dessen Erwerb von außerordentlicher Komplexität ist. Erst ein näheres Studium der hier vorliegenden Phänomene läßt erkennen, wie vielfältig und mannigfach der ganze

Mensch in das Erlangen dieser drei Fähigkeiten hineinverflochten ist.

In den folgenden Darlegungen sollen zunächst die Spuren verfolgt werden, die zum Erlernen des Gehens, Sprechens und Denkens führen. Eine Schlussbetrachtung wird sich mit dem Ineinanderwirken dieser drei fundamentalen Seelenqualitäten und ihrem Zusammenhang mit den drei höchsten Sinnen, dem Wort-Sinn, Denk-Sinn und Ich-Sinn, beschäftigen.

Der Erwerb des aufrechten Ganges

Allgemeine Charakteristik der Bewegungsvorgänge

Die Fähigkeit des aufrechten Ganges ist ein Teilphänomen der gesamten Bewegungsfähigkeit der menschlichen Organisation. Es wäre aber recht einseitig, anzunehmen, dass es vornehmlich die Beine und Füße sind, die wir zum Gehen benützen. Es ist der gesamte Bewegungsapparat, der zum Gehen gebraucht wird, und die Arme sind daran ebenso wesentlich beteiligt wie die Beine; die Muskeln des Rückens und der Brust sind damit so innig verbunden wie die Muskeln, die den Augapfel bewegen.

Das ist überhaupt zunächst zu erkennen notwendig, dass an jeder Bewegung, die wir durchführen, der ganze Mensch beteiligt ist; denn die Bewegung eines Teiles des Leibes beinhaltet unmittelbar die Ruhestellung anderer, an dieser Bewegung nicht beteiligten Partien. Diese Ruhestellung aber ist während des Wachens, von morgens bis abends, niemals eine passive, sondern eine aktive Funktion. Damit ist auf ein Urphänomen aller Bewegung überhaupt hingewiesen; wenn ein Teil des Bewegungsapparates sich bewegt, dann ist der übrige Teil so daran beteiligt, dass er durch eine aktive Ruhestellung diese Beweglichkeit ermöglicht.

Beuge ich den Arm, dann müssen nicht nur, um diese Beugung zu ermöglichen, die Streckmuskeln des betreffenden Armes aktiv entspannt werden, sondern alle übrigen Muskeln müssen ein aktives Widerlager bilden, um dieser Beugung das Gleichgewicht zu halten. Immer ist es der gesamte Bewegungsapparat, der an jeder Bewegung beteiligt ist und diese durchführen hilft.

Wir können das unmittelbar erfahren, wenn zum Beispiel eine einzige Zehe durch eine Verletzung in ihrer freien Beweglichkeit behindert ist. Dann wird sofort der ganze Fuß in seiner Funktion arretiert; damit aber wird die Bewegung des dazugehörigen Beines abgeändert und damit zusammenhängend auch die übrigen Teile des Bewegungsorganismus mittelbar anders gebraucht. Wie oft treten dann allmählich Schmerzen in der Nacken- und Rückenmuskulatur auf, wenn der Fuß nicht richtig zum Gehen gebraucht werden kann! Und wie häufig kann eine Rhythmusänderung am Atem beobachtet werden, wenn ein Bein für längere Zeit ruhiggestellt werden muss! Alles dies sind einfachste Beispiele, die aber das klar vor Augen führen, was zunächst als ein fundamentales Phänomen im Bewegungsbereich erscheint. Wollten wir es zu formulieren versuchen, so müssten wir sagen:

1. Der gesamte Bewegungsapparat ist eine funktionelle Einheit; niemals sind es seine Elemente, die sich als unabhängige Glieder bewegen, sondern jede Bewegung verläuft im Gesamtbereich des Bewegungssystems.
2. Deshalb zeigen die bewegten Teile eine nur scheinbare Unabhängigkeit im Gegensatz zu den ruhenden. Die Letzteren aber, wenn auch nicht so unmittelbar in die Erscheinung tretend, sind ebenso aktiv am Bewegungsprozess beteiligt wie der bewegte Teil selbst.

Es war das fatale Konzept der Lokalisationstheorie für das Zentralnervensystem, das immer wieder verhinderte, die Bewegungsorganisation als eine funktionelle Einheit zu sehen. Diese analytische Methodik des wissenschaftlichen Denkens im 19. Jahrhundert muss auf jedem Gebiet überwunden werden. So wie weder die einzelnen Buchstaben das Wort noch die einzelnen Worte den Satz aufbauen, so bewegt auch nicht eine Reihe von Einzelmuskeln ein Glied des Körpers. Die Gestalt einer Bewegung verwendet einzelne Muskeln und Gruppen von Muskeln und tritt dadurch in die Erscheinung. Wie eine Meinung zur Aussage wird, die Aussage aber sich des Satzes bedient, der aus gesprochenem Wort sich bildet, so ist es die Gestengestalt, die sich in einzelne Bewegungsformen gliedert; diese Bewegungsformen aber veranlassen Gruppen von Muskeln das zu vollziehen, was die Geste fordert.

Empfinde ich Abwehr, dann stehen dieser Empfindung verschiedene Bewegungsgestalten zur Verfügung; diese Letzteren holen sich bestimmte Muskelgruppen aus dem gesamten Bewegungsapparat heraus und vollziehen mit diesen eine Bewegung, an welcher der ganze Bewegungsapparat beteiligt ist.

Verlangen und Abwehr, Sympathie und Antipathie, Zorn und Angst, Furcht und Mut, sie alle haben ihnen zugehörige Bewegungsformen. Aber auch verfeinerte Gefühle und Empfindungen, wie Lauschen und Hingabe, Freude und Schmerz, Weinen und Lachen, verfügen über Gestaltgesten, die ihnen dienen. Und lernt erst der Mensch zu schreiben und zu weben, zu schnitzen und zu malen, zu hämmern und zu schmieden, so werden Bewegungsformen erworben, die ihm dann nicht nur als kreatürliche, sondern als erworbene angehören.

Die fundamentalste dieser erworbenen Bewegungsformen, eine das ganze menschliche Leben durchdringende Geste, ist der aufrechte Gang. Damit erhebt sich der Mensch in eine Stellung, die es ihm fortgesetzt zur Aufgabe macht, sich mit der Erdenschwere auseinanderzusetzen. Das vierbeinige Tier ist im Gleichgewicht mit dieser Schwere; der Mensch aber muß erlernen, sich kontinuierlich aufrecht zu halten und in dieser Aufrechtheit nicht nur frei zu ruhen, sondern sich auch unbeschwert zu bewegen.

Wie erwirbt er sich diese Fähigkeit, die einen dauernden Einsatz seiner Person erfordert?

Herausbildung des menschlichen Ganges

Die Bewegungsfähigkeit des Säuglings entsteht nicht erst nach der Geburt, sondern ist schon während der Embryonalentwicklung vorhanden. Vom Ende des zweiten Schwangerschaftsmonats an können Bewegungen des Embryos registriert werden, die sich dann im Laufe des fünften Monats so verstärken, dass die Mutter sie wahrnimmt.

Nach der Geburt hat der Säugling zunächst eine allgemeine Beweglichkeit, aus der sich einige spezielle Bewegungsformen herausheben. Bald nach der Geburt, in dem Augenblick, da ihm die Brust gereicht wird, kann der Säugling, vollkommene Saugbewegungen ausführen. Er beherrscht auch vom Moment der Geburt an die Atembewegung. Die Bewegungsform der Abwehr durch Furcht ist vorhanden, und über den ganzen Körper verteilt sind die Strampelbewegungen, die, völlig ungezielt und unkoordiniert, als Ausdruck von Wohlsein und Unwohlsein erscheinen. *William Stern* bezeichnet die Letzteren als Spontanbewegungen und weist darauf hin, dass diese noch in einer dissoziierten Art verlaufen. «So können viele Neugeborene jedes Auge für sich wandern lassen: das eine dreht sich nach oben, das andere nach außen, oder eines bleibt still, während das andere sich nach unten bewegt.»[1]

Es ist berechtigt, dass *Stern* gerade auf die Augenbewegungen hinweist, denn die Koordination derselben erfolgt auffallend rasch. «Zuweilen ist diese Epoche [der Dissoziation der Augenbewegungen] bereits im Moment der Geburt überwunden, sodass bei diesen Kindern nur koordinierte Augenbewegungen vorkommen.»[2]

Es heben sich also die gezielten Augenbewegungen schon in den ersten Lebenstagen aus dem allgemeinen Bewegungschaos des Strampelns heraus. Damit aber fängt bereits jener Bewegungsprozess an, der etwa am Ende des ersten Jahres mit der Fertigkeit des aufrechten Ganges vollendet sein wird.

Das Kind erwirbt sich dadurch eine allererste Herrschaft über den Raum. Das Erlernen dieser Fähigkeit aber folgt bestimmten Gesetzmäßigkeiten, die am Kopf und am Hals ihren Anfang nehmen und über Brust, Arme und Rücken sich allmählich auf die Beine und Füße ausbreiten.

Ganz allgemein gesprochen, erwirbt das Kind im ersten Vierteljahr eine Herrschaft über seine Kopf- und Halsbewegungen. Im zweiten Vierteljahr werden Arme und Hände aus dem allgemeinen Strampeln herausgehoben. Das Kind wird dann zum «Greifling».[3] Dadurch aber lernt es am Ende dieser Periode frei zu sitzen.

Im dritten Vierteljahr werden die Beine «entdeckt», und das Stehen wird geübt. Im letzten Vierteljahr versucht das Kind das Stehen in die ersten freien Schritte überzuführen und erlebt dadurch die Füße als die den Boden berührenden Organe. Die erste Eroberung des Raumes ist damit vollzogen.

Dieser Prozess schiebt sich vom Kopf über Brust und Beine in die Füße hinein; er zeigt also einen den Körper von oben nach unten durchlaufenden Weg. Fragt man nach dem Sinn dieses Geschehens, dann wird es wohl ansichtig, dass hiermit die Körperhaltung des Oben – Unten unmittelbar veranlagt wird. Der Kopf löst sich sozusagen als erstes Glied aus dem Bewegungschaos los; die Brust und die Arme werden nachgeschoben, und zuletzt ziehen sich die Beine und Füße heraus. Das aber ergibt ein Bild, welches dem Geburtsakt nachgebildet zu sein scheint. Wie zuerst der Kopf austritt, um allmählich vom übrigen Leib gefolgt zu werden, so gebiert sich auch hier, aus dem Uterus der dissoziierten Bewegungen, Schritt für Schritt die auf Stehen und Gehen hingeordnete koordinierte Bewegung. Gegen Ende des ersten Jahres ist dieser Geburtsakt vollendet.

Damit aber wird erreicht, dass der Kopf nach oben weist und die Füße die Erde berühren. Der Kopf erwirbt dadurch eine Art Ruhestellung, auf die *Rudolf Steiner* immer wieder hingewiesen hat. Der Kopf schwebt auf den Schultern und wird zum Ruhepunkt, um den herum sich die Bewegungen der Gliedmaßen vollziehen können. Die Untersuchungen der Halte- und Stellreflexe, die von *Magnus* und *de Kleijn*[4] in so grundlegender Art durchgeführt wurden, haben die zentrale Stellung der Hals- und Kopfmuskeln aufgezeigt. Der Kopf muss eine unabhängige Ruhestellung einnehmen können, damit eine freie und harmonische Beweglichkeit der Gliedmaßen ermöglicht wird. Das aber gilt vor allem für die Fertigkeit des Gehens. Ein Mensch, der seinen Kopf ruhend aufrecht halten kann, hat auch das Gehen erlernt; solange aber der Kopf in der Gesamtheit des Bewegens mitzappelt und baumelt, kann sich ein richtiges Gehen und Schreiten nicht entfalten.

Erst nach dem ersten Jahr lernt das Kind auch seine Arme aus dem Gehakt zu befreien und sie unabhängig davon zu gebrauchen; das geschieht aber auch nur dadurch, dass sich die Fixation der Ruhestellung des Kopfes immer mehr festigt und dem freien Spiel der Gliedmaßen unabhängig gegenüberzustehen lernt. Der ruhende Pol in der Bewegung Flucht zu sein: das ist die Aufgabe des Hauptes im Reich der Beweglichkeit.

Zusammenfassend kann das so ausgedrückt werden, dass wir sagen: Der Säugling lernt dadurch gehen, dass er sich schrittweise, vom Kopf nach abwärts, aus dem Bewegungschaos herausgebiert. Damit aber erwirbt das Haupt die Ruhehaltung, der die freie Beweglichkeit der Gliedmaßen entgegensteht. Diese haben sich, wenn die aufrechte Haltung erreicht ist, mit den Schwerekräften des Raumes dauernd auseinanderzusetzen; denn der Mensch muss, als aufrechtes Wesen, nicht eine stabile, sondern ein labile Gleichgewichtslage einnehmen.

Trennung zwischen Selbst und Welt

Es wurde schon darauf hingewiesen, dass die Koordination der Augenbewegungen unmittelbar nach der Geburt erreicht wird; dadurch erwirbt der Säugling die ersten Ansätze dessen, was später zum Blick und zum Blicken wird. Die Augen lernen, sich auf einen bestimmten Punkt der Außenwelt zu richten.

Bedenkt man, dass damit der erste Haltepunkt in der Beziehung zwischen der Seele und ihrer Umwelt errichtet wird, so kann die fundamentale Wichtigkeit des Sehens als menschlicher Akt noch ersichtlicher werden. Es sind die Augen, vermittels derer wir schon in den ersten Tagen unseres Erdenlebens eine bewusste Beziehung zur Umwelt herzustellen versuchen; nicht, dass der Säugling dann schon wahrnehmen kann, aber er beginnt mit dem Blick die sich allmählich erschließende Umwelt abzutasten. Damit entsteht eine allererste, wenn auch dumpfe Empfindung des «Dort» im Gegensatz zum «Selbst». Dieses noch dumpfe Gefühl wird sich im Laufe des ersten Lebensjahres langsam erhellen und den Gegensatz zwischen dem Empfinden des eigenen Körpers und der umliegenden Welt schrittweise herbeiführen; denn für den Säugling ist noch ein volles Verwobensein zwischen draußen und drinnen, zwischen dort und hier vorhanden. *Adalbert Stifter* hat das im Fragment seiner Selbstbiografie so ausgedrückt: «Weit zurück in dem leeren Nichts ist etwas wie Wonne und Entzücken, das gewaltig fassend, wie vernichtend in mein Wesen eindrang und dem nichts mehr in meinem künftigen Leben glich. Die Merkmale, die festgehalten wurden, sind: es war Glanz, es war Gewühl, es war unten. Dies muß sehr früh gewesen sein, denn mir ist, als liege eine hohe, weite Finsternis des Nichts um das Ding herum. Dann war etwas anderes, das sanft und lindernd durch mein Inneres ging. Das Merkmal ist: es waren Klänge. Dann schwamm ich in etwas Fächelndem, ich schwamm hin und wider, es wurde immer weicher und weicher in mir, dann wurde ich wie trunken, dann war nichts mehr. Diese Demi-Inseln liegen wie feen- und sagenhaft in dem Schleiermeer der Vergangenheit, wie Urerinnerungen eines Volkes.»[5]

Schritt für Schritt wird dieses dumpfe Bewusstsein, das aus zusammenfließenden Sinnesempfindungen und Gefühlen besteht, dadurch erhellt, dass die Welt sich vom eigenen Leib abzuheben beginnt; dieser Differenzierungsprozess aber entsteht zuerst am Blick. Dadurch, dass der Blick sich allmählich fixiert, werden einzelne Figuren der Umwelt dunkel tastend erfassbar. Dann gliedert sich um den Brennpunkt des Blickes herum das Haupt als ein dem Selbst zugeordnetes Gebilde heraus; damit lernt der Säugling seinen Kopf zu heben und ihn als Richtorgan zu gebrauchen. Er dreht ihn dorthin, wo Licht, Farbe, Schall, Geruch ihm begegnen.

Mehr und mehr erfassen dann die Augen die vor ihnen spielenden und sich bewegenden Finger und Händchen. Und wenn erst nicht nur der Blick, sondern auch die Hand ein Gebilde der Welt zu ergreifen beginnt, es festhält und wieder fallen lassen kann, dann hebt sich der Rumpf mit den Armen und Händen als ein der Welt gegenüberstehendes Ganzes ab. Damit aber erlernt das Kind die Fähigkeit, frei zu sitzen.

Nun ist viel erreicht; denn jetzt ist der Kopf oben und kann frei, über dem Leibe schwebend, dahin und dorthin gewendet werden. Die Augen beginnen mit ihrem Blick weiter in den Raum hinauszudringen, und die Hände ergreifen das näher Liegende, fassen es und führen es zum Mund, oder wo immer hin sie wollen. Die Hände können jetzt auch den Rand der Wiege oder des Bettchens ergreifen und sich festhalten und den ganzen Körper nachziehen.

Bis dann der große Augenblick, etwa am Ende des neunten Monats, eintritt, da das Kind zum ersten Mal sich allein in die aufrechte Stellung hinaufziehen kann. Jetzt ist ein entscheidender Schritt in der Trennung zwischen Welt und Leib geschehen. Die Welt hat sich abgehoben und steht als Fremdes der sich erfassenden Selbstheit gegenüber. Diese aber fängt nun an, sich in dieser abgehobenen Welt zu bewegen: zu kriechen, zu rutschen, zu schieben. Jeden Tag und jede Stunde treten neue Eindrücke auf, die immer wieder schnell vergessen werden und immer wieder neu erobert werden müssen. Die vielen neuen Erlebnisse aber verlangen erfasst, ergriffen, erblickt, ertastet zu werden. So tritt der werdende Gestaltkreis in seine erste Wirksamkeit ein. Die Sinne fordern Beweglichkeit, und die Bewegung erobert sich wiederum neue Sinneserfahrungen. Dieses Verhalten wird hier ganz offenbar.

Endlich kann das Kind in aufrechter Stellung die ersten unsicheren Schritte machen, und der Stolz der Eltern ist dann oft nicht so groß wie die Freude des Kindes selbst an diesem Erreichnis. Denn jetzt erst ist die Welt nicht mehr nur ein Fremdes, oft Unheimliches, sondern sie wird etwas, das von einem in ihr sich frei bewegenden Wesen erobert werden kann. Das Kind hat den ersten Schritt vom Geschöpf zum Schöpfer gemacht, wenn es sich den ersten Schritt als aufrechtes Wesen erworben hat.

Stern drückt das so aus: «So ist gegen das Ende des ersten Jahres die Roharbeit in der Eroberung des wirklichen Raumes der Hauptsache nach geleistet. Das Kind kann die räumlichen Merkmale der Dinge: ihre Lage, Entfernung, Form und Größe ungefähr auffassen und sich richtig auf sie einstellen. Es unterscheidet nah und fern, groß und klein, rund und eckig, oben und unten, vorn und hinten – kurz, es hat im Großen und Ganzen eine Raumwahrnehmung, die zwar noch zahlreichen Täuschungen unterliegt und in den folgenden Jahren verfeinert, geklärt, ausgestaltet werden muss, aber doch nicht mehr um prinzipiell neue Merkmale bereichert wird.»[6]

Diese Raumwahrnehmung des Kindes am Ende des ersten Lebensjahres kommt aber nur dadurch zustande, dass es an der Entwicklung der eigenen Aufrichtekraft das Oben – Unten erfahren konnte; am eigenen Bewegen hat es das Nah – Fern erlebt, am eigenen Tasten das Rund – Eckig, am eigenen Blicken das Hier – Dort. Alles dies aber kam nur dadurch zustande, dass der Trennungsprozess zwischen Selbst und Welt sich vollziehen konnte. Denn das Kind erlernt nicht das Gehen dadurch, dass es einzelne Muskelbewegungen zu kontrollieren beginnt, sondern es beginnt die Bewegungen dadurch zu kontrollieren, dass eine Bewusstseinserhellung auftritt, die Stufe für Stufe den Leib als Selbst von der Umwelt abhebt. Dieses Entbinden des Leibes aus dem innigen Umschlossensein mit der Umwelt-Mutter führt zum aufrechten Gang. Das Schreiten ist nicht ein einfacher Bewegungsvorgang, der die Lokomotion ermöglicht, sondern im Gehenlernen offenbart sich ein Bewusstseinsvorgang, der zur Wahrnehmung der Umwelt als ein «Draußen» führt.

Dieser Prozess beginnt mit dem «Blicken», setzt sich fort im «Greifen» und erreicht seinen Endpunkt im «Gehen». Vom *Blick* der Augen über den *Griff* der Hände bis zum *Schritt* der Füße geht die Bewusstseinserhellung, die dem Kind am Ende des ersten Jahres die Erfassung des eigenen Selbstes ermöglicht.

Erst wenn dieses Geschehen als eine Ganzheit erfasst wird, kann der innere Sinn des Gehens verstanden werden. Wir können aufrecht gehen, weil wir während des ersten Lebensjahres den Schritt von einem in die Welt verwobenen Gebilde zu einem der Welt gegenüberstehenden Wesen machen dürfen.

Erbmotorik und Erwerbmotorik

In bedeutsamen Untersuchungen hat *Adolf Portmann*[7] darauf hingewiesen, dass das erste Lebensjahr des Menschen von ganz besonderer Bedeutung ist und dass die in diesem Zeitabschnitt sich vollziehende Entwicklung bei anderen Säugetieren noch innerhalb des Uterus stattfindet. Er grenzt deshalb dieses erste Jahr von der weiteren Entfaltungsperiode des Kindes ab und nennt es das «extra-uterine Frühjahr». *Portmann* sagt: «Wir nennen das neu-geborene Menschenkind einen ‹sekundären› Nesthocker, weil es seiner Entwicklungsstufe nach eigentlich dem Zustand der Nestflüchter zugewiesen werden muss, ohne jedoch deren freie Beweglichkeit zu besitzen.»

Damit wird auf die Sonderstellung des Menschen im Reich des Lebendigen hingewiesen, und *Portmann* rückt ahnend an die hier vorliegenden Entwicklungsgeheimnisse heran. Er weist dabei auch auf die Untersuchungen *Stirnimanns* hin, die im Zusammenhang mit früheren Befunden über die Halte- und Stellreflexe des Säuglings nun näher betrachtet werden müssen. Es handelt sich dabei um Spontanleistungen des Neugeborenen, die unter bestimmten forcierten Situationen auftreten. Das neugeborene Kind zeigt die Möglichkeit des Stehens, Kriechens und Gehens während der ersten Lebensmonate, verliert aber diese keimhaften Fähigkeiten um den fünften Lebensmonat, um dann das richtige Kriechen, Stehen und Gehen vom neunten Monat an zu erwerben.

1. «Die *Stehbereitschaft* ist das Vermögen, die Glieder in die zum Stehen erforderliche Stellung zu setzen. Dazu sind Reize nötig, die von verschiedenen Stellen der Körperoberfläche oder von den Augen ausgehen. In aufrechter Haltung, wenn die Fußsohlen die Unterlage berühren, neigt schon der Neugeborene dazu, seine Beine zu strecken. Eine deutliche Stehbereitschaft besteht aber zunächst nicht, sondern nur die Fähigkeit zu Stützreaktionen, wenn die Beine in die entsprechende Lage

gebracht sind. Erst im zweiten Vierteljahr stellt sich eine Stehbereitschaft bei Berühren der Fußrücken ein: Hält man nämlich das Kind aufrecht, so dass es mit dem Fußrücken die Unterseite einer Tischkante berührt, so beugt es erst das eine, dann das andere Bein, setzt es mit der Fußsohle auf den Tisch und streckt es dann wieder, bis es schließlich mit beiden Beinen auf den Tisch gestiegen ist.»[8]

2. «Bei allen gesunden reifen Neugeborenen lassen sich reflektorische *Schreitbewegungen* hervorrufen. Man umfaßt das Kind mit beiden Händen am Rumpfe und stellt es aufrecht auf die Unterlage; daraufhin entstehen in den Beinen Stützreaktionen. Neigt man jetzt den Körper etwas nach vorne, so kommt es zu richtigen Schreitbewegungen, wenn man ihnen mit dem Körper folgt. Die Länge eines Doppelschrittes beträgt etwa 20 Zentimeter. Die Kinder haben dabei ein gewisses Bestreben, ihre Beine zu überkreuzen. Diese Schreitbewegungen treten im Laufe der weiteren Entwicklung, etwa um die Halbjahreswende, vorübergehend in den Hintergrund, bilden also nicht eine unmittelbare Vorstufe des Gehens.»
3. «Eine ähnliche Erscheinung bei jungen Säuglingen

> hat J. *Bauer* als *Kriechphänomen* beschrieben: Legt man einen jungen Säugling in Bauchlage auf den Tisch und unterstützt seine Fußsohlen mit den Händen, so beginnt er zu kriechen, indem er sich von den unterstützenden Händen abstößt. Die Arme werden dabei nacheinander gehoben und vorgesetzt. Man kann das Kind dazu bringen, über den ganzen Tisch zu kriechen. Nach *Bauer* tritt das Kriechphänomen nur in den ersten vier Lebensmonaten ein, und zwar nur dann, wenn die Kinder sich in Bauchlage befinden.»

Damit sind die drei wichtigsten Leistungen des Säuglings im Bereich des spontanen Bewegens charakterisiert, ehe die Aufrechtheit und das Gehen erworben sind. Es ist von größter Bedeutung, dass diese Bewegungsformen in den ersten Monaten nach der Geburt auftreten, dann verschwinden, um in einer völlig neuen Metamorphose als Kriechen, Stehen und Gehen wieder zu erscheinen. *Storch*[9] hat, ohne diese speziellen Untersuchungen zu berücksichtigen, von zwei Bewegungsformen gesprochen; er nennt sie sehr eindrucksvoll «Erbmotorik» und «Erwerbsmotorik». Obwohl es sich beim menschlichen Säugling kaum um erbmotorische Akte handelt, die sich in den ersten

Lebensmonaten offenbaren, müssen dennoch diese angeborenen Bewegungen von den durch Erlernen erworbenen, deren höchste das Gehen ist, unterschieden werden.

Dazu kommt noch das Folgende: *Förster* und *C.* und *O. Vogt* haben darauf hingewiesen, dass Frühgeburten und auch manchmal reife Säuglinge Bewegungsformen zeigen, die als typisch athetotische bezeichnet werden können. «Die Bewegungen haben folgendes Aussehen: Die Arme werden im Ellenbogen rechtwinklig gebeugt, die Unterarme stark auswärts gedreht, so dass die Handflächen nach außen sehen. Dabei wird das Handgelenk gegen den Unterarm gestreckt oder überstreckt. Gleichzeitig führen die Kinder in Fingern und Zehen ein eigenartiges Streck-Beuge-Spreizspiel aus, indem sie gleichzeitig oder nacheinander Finger oder Zehen strecken oder überstrecken.»

Im Laufe des ersten Lebensmonats gehen diese choreatisch-athetotischen Bewegungen in das allgemeine Strampeln des Säuglings über, das dann Schritt für Schritt so überwunden wird, dass gegen Ende des ersten Jahres das Gehen erlernt ist.

Diejenigen Kinder aber, die durch bestimmte Hirnschädigungen das Gehen nicht oder nur schwer erlernen, zeigen in ihren Symptomen Bilder, die klar und eindeutig auf die oben beschriebenen Bewegungsformen hinweisen.

Ein Kind, das besonders durch den Symptomenkreis der Littleschen Krankheit charakterisiert ist, zeigt die gleiche Spitzfußstellung und das Bestreben, beim Versuch zu gehen die Beine zu überkreuzen. Die frühkindliche Bewegungsform, die oben unter Punkt 2 beschrieben wurde, setzt sich bei dieser Gruppe von Kindern bis in das spätere Alter hinein fort und ergibt die Symptomatologie einer schweren Bewegungsstörung. Sie wird deshalb nicht überwunden, weil das Gehen und Schreiten als Erwerbsmotorik die bestehende Erbmotorik nicht erlösen konnte.

In Kindern, bei denen die Halte- und Stellreflexe nicht zur Ausbildung kommen konnten, zeigt sich das unter Punkt 3 beschriebene Kriechphänomen. Diese Gruppe von Kindern, deren Störungen den Formen der zerebellaren Ataxie zuzuordnen sind, bleiben ihr Leben lang Kriechlinge, da der Erwerb des aufrechten Ganges durch das Versagen des Gleichgewichtssinnes nicht zustande gekommen ist.

Bei den sogenannten Athetotikern sind die Bewegungsformen, die sich bei Frühgeburten zeigen, erhalten geblieben und führen dadurch zu den schweren Störungen der Haltung und Bewegung.

Hier sind vor allem die gerichteten und geordneten Bewegungen gestört, der aufrechte Gang aber kann von manchen Kindern dieser Gruppe allmählich erworben werden.

Diese Formenkreise der Bewegungsstörungen sind also keineswegs pathologische Zustände, die neu auftreten, sondern es sind physiologische Restbestände eines frühkindlichen Verhaltens. Ihnen allen ist das Phänomen gemeinsam, dass das Erlernen des aufrechten Ganges nicht zustande gekommen ist. Deshalb werden die Frühbewegungen des Säuglings beibehalten und nehmen dann überdimensionale Maße an. Das, was im zweiten Abschnitt als die «Geburt des Gehens» aus dem Chaos der Allgemeinbewegung beschrieben wurde, hat sich hier nicht vollziehen können.

Das zeigt sich dann auch im Gesamtverhalten dieser kindlichen Patienten. Die Bewusstseinserhellung, die durch die Scheidung zwischen Selbst und Welt, zwischen Leib und Umkreis im Erlernen des Gehens erfolgt, hat sich hier nicht ergeben. So kann der Athetotiker kaum seine Gefühle bemeistern; er leidet unter dem sprunghaft-ungebärdigen Auftreten von Lachen und Weinen, das jenseits seiner Beherrschung liegt.

Das spastische Kind, das an Littlescher Krankheit leidet, ist so völlig an seine Sinneseindrücke hingegeben, dass es sich dieser nicht oder kaum erwehren kann. Ein leichtes Geräusch lässt es schon zusammenzucken, und ein zu starkes Licht verstärkt seine Muskelspasmen. Dadurch wird für diese Kinder eine Entfaltung im Raum, die ein Erleben des «Dort» und «Hier» zur Grundlage hat, fast zur Unmöglichkeit.

Diejenigen Kinder aber, die Halte- und Stellreflexe nicht erlangen konnten, sind auch in ihrem Verhalten so, dass sie keinen Sinneseindruck festhalten können. Die Ausbildung eines Gedächtnisses erfolgt nur in unwillkürlicher Art; Erinnerungen -bewußt, zur rechten Gelegenheit heraufzurufen ist ihnen kaum gegeben.

Aus diesen kurzen Andeutungen ergibt sich die tiefgreifende Bedeutung, die das Gehen für die gesamte Seelenentfaltung des Menschen hat. Fehlt es, dann fehlt auch die Kontrolle der Gefühle und Stimmungen; es fehlt der bewusste Gebrauch der Erinnerungsfähigkeit, und es kommt nicht zu der Trennung zwischen Selbst und Welt.

Würden wir nicht das Gehen erlernen, dann wären die weiteren Schritte zur bewussten Entfaltung der spezifisch menschlichen Fähigkeiten im Laufe der Kindheit nicht möglich. Der Weg zur Schule ist in Wahrheit nur den Kindern offen, die aufrecht gehend diesen Weg beschreiten können.

Für die anderen kann durch heilpädagogische Maßnahmen dasjenige ersetzt werden, dem sie im ersten Lebensjahr entsagen mussten. Der Gnadenakt des Gehenlernens aber hat sich an ihnen nicht vollziehen können.

Schließt man die hier berührten Beobachtungen nicht in eine «Lehre vom Aufrechtsein des Menschen» ein, dann wird es verständlich, warum *Portmann* den folgenden Satz niederschreiben muss: «Noch ist die wahre Bedeutung der langsamen Herausbildung der vollen aufrechten Haltung des Körpers und ihrer leiblichen Grundstruktur kaum fassbar.»[10] Es ist nur für den nicht fassbar, der den aufrechten Gang des Menschen als einfache Lokomotion zu betrachten versucht und nicht den Mut hat, die gewaltige Differenz zu erschauen, die zwischen der aufrechten Haltung des Menschen und der Haltung der höheren Tiere besteht. Wer wie diese mit einer waagrecht gerichteten Wirbelsäule begabt ist, bleibt Glied der Welt; seine Sinneseindrücke überwältigen ihn, und der Abgrund zwischen Eigensein und Weltensein hat sich nicht aufgetan. Das Haupt wird nicht oberhalb der Wirbelsäule schwebend getragen, sondern liegt als noch nicht genügend differenziertes Gebilde am Vorderende des Körpers; es ist noch Fortsetzung, nicht Neuschöpfung. Erinnerungsbilder können deshalb nur festgehalten, aber nicht aufgerufen werden, und Lust und Unlust, Gier und Ekel überschwemmen im dauernden Wechsel das innere Erleben. Erst die Aufrechtheit bringt den Abgrund zwischen Selbst und Welt hervor und führt damit zum weiteren Erwerb der Sprache und des Denkens.

Die Stehbereitschaft, die reflektorischen Schreitbewegungen, das Kriechphänomen und die athetotischen Bewegungen der Frühgeburten sind dem Wesen nach vom Erwerb des Gehens grundlegend verschieden. Sie müssen im Verlauf des ersten Jahres verschwinden, um dem Neuen, das mit dem Gehen sich entwickelt, Platz zu machen. Ob man diese Urbewegungen Erbmotorik nennt oder als angeboren bezeichnet, ob sie der Tätigkeit bestimmter Nervenzentren im Mittel- und Zwischenhirn zugerechnet werden, ist nicht so wichtig, als dass mit dem Erwerb des Gehens ein völliger Neueinschlag stattfindet. Über das Blicken und Greifen bis zum Schreiten hin entfaltet sich eine allem biologischen Geschehen entgegenwirkende neue Kraft. Sie ergreift erst die Augen, lässt die Sehachsen sich kreuzen und bildet damit die Fixation des Blickes aus. Sie dirigiert die Arme und Hände des Säuglings zur zielstrebigen Bewegung; dadurch lernen die Hände zu greifen, aber auch sich zu falten und damit sich selbst zu erfassen. Zuletzt berühren die Fußsohlen die Erde; von der Ferse bis zu den Zehen treten sie in das Schwerefeld ein, was bei keinem Tier sich vollzieht. Dadurch aber hebt sich das Haupt in die Höhe und reicht in das Licht hinein. Der Gegensatz zwischen Licht und Schwere im Bilde der aufrechten Haltung ist erreicht.

Dieses Neue kann gar nicht anders als im Zusammenhang mit demjenigen Glied der Menschenwesenheit gesehen werden, das *Rudolf Steiner* als «Ich» bezeichnet und das dem Menschen und keinem anderen Geschöpf auf Erden zugeschrieben werden muss. Dieses Ich ermöglicht es, dass jedem Menschenkind die Gnadengabe des Gehens zuteil werden kann. Erscheint es in der Gestalt der Aufrechtheit, dann ziehen sich alle anderen Bewegungsformen zurück und verschwinden; es ist, als würde der Hirte unter die Herde treten; da wird die Herde still und geruhsam und ordnet sich um ihn herum.

So ordnen sich alle anderen Bewegungsformen um die eine große Gestalt, die als Aufrichtekraft erscheint und die im Augenblick, da sie auftritt, Ordnung und Führung veranlasst.

Der Jahreslauf und die Stufen des aufrechten Ganges

Nachdem nun versucht wurde, in einer besonderen Art an diejenigen Phänomene heranzukommen, die mit dem Erwerb des aufrechten Ganges zusammenhängen, soll noch auf eine seltsame Gesetzmäßigkeit hingewiesen werden, die sich beim Erwerb des Gehens offenbart. Es ist kaum anzunehmen, dass es sich um einen bloßen Zufall handeln kann, dass die Zeit, die zum Erwerb des Gehens gebraucht wird, ungefähr ein Jahr dauert und dass alles «Zu früh» oder «Zu spät» in dieser Entwicklung zum Ausdruck und Symptom einer gestörten Entfaltung im Bereich des kindlichen Wesens wird. Die Erlangung des Gehens bedarf der gleichen Zeit, welche die Erde zu ihrem jährlichen Gang um die Sonne benötigt; sodass ein Sonnen-Erden-Rhythmus in diese menschliche Fähigkeit eingeschrieben zu sein scheint.

Nun hat *Rudolf Steiner* immer wieder darauf hingewiesen, dass der Mensch die Aufrechtheit gerade hier auf der Erde als etwas durchaus Neues erwirbt. «Es ist bedeutungsvoll, dass der Mensch an sich selbst arbeiten muß, um sich aus einem Wesen, das nicht gehen kann, zu einem solchen zu machen, das aufrecht gehen kann. Der Mensch ist es selbst, der sich seine vertikale Lage, seine Gleichgewichtslage im Raume gibt. Er bringt sich selbst in ein Verhältnis zur Schwerkraft.»[11] Dieser durchaus irdische Erwerb des menschlichen Ganges ist aber eingefügt in das kosmische Zeitverhältnis, das zwischen Sonne und Erde herrscht.

Verfolgt man nun dieses «Jahr des Gehens» in seiner allmählichen Stufenfolge, dann ergibt sich eine Art von Kalender, der von den verschiedensten Beobachtern ausgearbeitet worden ist und etwa die folgenden Stufen zeigt:

Im 1. Monat: Die Fixation der Augen beginnt.

Im 2. Monat: Das Kind fängt an, auch in der Bauchlage den Kopf aufrecht zu halten.

Im 3. Monat: In der Bauchlage kann das Kind die Schultern zusammen mit dem Kopf heben und eine gewisse Zeit hochhalten.

Im 4. Monat: Nun kann es, sich auf die Handflächen stützend, in der Bauchlage verweilen. Es erfaßt mit aktivem Blick eine neue Situation. Es fängt an, nach Gegenständen, die es ertastet hat, zu greifen. Es kann beide Hände, ohne Benutzung der Finger, im Greifakt zusammenführen.

Im 5. Monat: Es kann aus der Rückenlage heraus den Kopf und die Schultern heben.
Es hat gelernt, aus der Rückenlage sich in die Seitenlage zu drehen.
Nun ist es auch fähig, einen Gegenstand, den es erblickt, mit den Händchen zu fassen.

Im 6. Monat: Es gelingt dem Kind, mit Unterstützung zu sitzen.
Es kann sich mit einem bewegten Gegenstand an einem ruhenden Objekt betätigen; also z. B. mit einem Löffel rhythmisch auf eine Unterlage losklopfen.

Im 7. Monat: Das Kind beginnt, sich aus einer Ruhestellung wegzubegeben. Es strebt einem erwünschten Gegenstand zu und versucht, ihn durch die Lageveränderung zu erreichen.

Im 8. Monat: Nun ist das freie Sitzen möglich. Auch das Kriechen beginnt.

Im 9. Monat: Das Kind lernt, ohne Unterstützung sich zum Sitzen selbst aufzurichten. Es lernt zu knien. – Es beginnt mit Unterstützung zu stehen.

Im 10. Monat: Nun können Gegenstände geworfen werden.

Im 11. Monat: Das Kind kann sich, indem es sich an Gegenständen anhält, zum Stehen aufrichten.

Im 12. Monat: Es kann frei stehen und mit ein wenig unterstützender Hilfe die ersten Schritte machen.

Versucht man diesen Jahreskalender nicht nur als eine Art von Schema zu lesen, an dem die «Intelligenz» des sich entwickelnden Säuglings abgeguckt werden kann, sondern so, dass man mitzuerleben versucht, was sich hier vollzieht, dann werden diese zwölf Monate zu einem wirklichen Jahreslauf, in dem sich die einzelnen erworbenen Fertigkeiten wie Festeszeiten herausheben.

Rudolf Steiner hat einige Male darauf hingewiesen, dass in früheren Entwicklungszeiten der Menschheit die Geburten jeweils während der Weihnachtszeit sich vollzogen.[12] Das hat sich bis in das 3. Jahrtausend v. Chr. besonders bei den nordgermanischen Stämmen erhalten; erst allmählich breiteten sich die Geburten über das ganze Jahr hin aus. Es war also früher so, dass jedes Menschenkind zu einem bestimmten Jahreszeitenpunkt das Licht der Erdenwelt erblickt hat. Erst schrittweise im Laufe der weiteren Menschheitsentwicklung wurde diese Naturgebundenheit aufgehoben.

Damit aber vollzog sich in früheren Zeiten der Erwerb des Gehens von Weihnachten des einen bis zur Weihnachtszeit des folgenden Jahres, und in den jetzt noch erhaltenen Marksteinen dieses Vorganges waren die Feste eingeschrieben, die einstmals als vorchristliche und später als christliche gefeiert wurden. «Erklärbar» im üblichen Sinn sind die folgenden Korrespondenzen nicht; aber dem Empfinden des einzelnen ist es anheimgestellt, die Zusammenhänge, die sich hier ergeben, mitzufühlen.

So ist es schon bezeichnend, dass das erste Lächeln des Säuglings und seine Fähigkeit, den Kopf aus der waagerechten Lage zu erheben, gerade zu der

Zeit eintritt, da das Fest der Darstellung im Tempel, Mariä Lichtmess, gefeiert wird.

Um die Zeit der Ostern aber lernt das Kind Kopf und Schultern in Bauchlage hochzuhalten; es erhebt sich sozusagen über die Wasser. Es greift nach Gegenständen, erwidert lächelnd den Blick und betastet die Dinge. Die Arme werden befreit.

Um Pfingsten herum kann es den erblickten Gegenstand mit den Händchen ergreifen und damit Hand und Auge miteinander koordinierend verwenden. Es kann sich vom Rücken in die Seitenlage drehen und damit sich von der Unterlage befreien.

Zu Johanni aber sitzt das Kind. Jetzt steht die Sonne am höchsten Punkt des Himmels, und das Menschenwesen hat sein Haupt schwebend über den waagerechten Schultern.

Zur Michaelizeit kann es sich allein in die sitzende Stellung begeben; es lernt zu knien und mit Unterstützung zu stehen.

Am Beginn der Adventszeit stellt das Kind sich frei in den Raum hinein, und um die Weihnachtszeit kann es dann die ersten noch tastenden Schritte machen.

Nun ist ein Geschöpf auf dem Weg zum Schöpfer. Diese Hinweise wurden nicht gemacht, um einer mystischen Spekulation Tor und Tür zu eröffnen, sondern um denjenigen, die sich um ein neues Verständnis des Menschen bemühen, dabei behilflich zu sein.

Besonders im Anschauen der Kinder, denen der Erwerb des Gehens versagt ist, sollten solche Gedanken und die daraus resultierenden Empfindungen geübt werden. Dann wird eine neue Helferkraft den Willen aufrufen und dort noch Hilfe bringen, wo Hilfe sonst versagt ist.

In jedem Kind, das heute gehen lernt, wirkt das Wort: «Stehe auf, nimm dein Bett und wandle.» Es ist die Sonnenkraft, die den Erdenleib des Menschen so erhebt, dass er aufrecht über die Erde schreiten kann.

Das Erlernen der Muttersprache

Die Sprache als Ausdruck, als Namengeben und als Sprechen

Nachdem sich das Kind in die aufrechte Stellung erhoben hat und dazu die freie Beweglichkeit innerhalb des Raumes erwerben konnte, erfolgt der zweite Schritt des Menschseins: Die Sprache und das Sprechen werden erlernt.

Damit aber vollzieht sich ein besonders eindrucksvolles Geschehen, das erst während der letzten Jahrzehnte seiner Bedeutung gemäß von der Kinderpsychologie mit genügender Aufmerksamkeit gewürdigt wurde. Im Erlernen der Muttersprache, durch das Erobern der Worte und Wortzusammenhänge, macht das Kind einen der wichtigsten Schritte im Gang seiner Menschwerdung. Hierin zeigt sich auch der gewaltige Abgrund, der zwischen dem Menschen und dem Tier aufgerichtet ist; und *Portmann* sagt mit vollem Recht: «Darum muss mit Nachdruck darauf hingewiesen werden, dass die menschliche

Wortsprache wie auch die Gebärdensprache, die beide auf dem Verständigungsprinzip des ‹Zeichens› beruhen, etwas völlig anderes sind als alle tierischen Laute.»[13] Was von diesen im Menschen erscheint, ist auch wieder nur Laut; es ist Schrei, Aufschrei, Stöhnen und manch anderer Laut, der der Qual oder Lust des Daseins zugehört. Niemals aber ist es Sprache, die als tönendes Zeichen nicht nur Ausdruck, sondern Benennung ist. Denn das ist eine der Wurzeln der Sprache, dass durch sie der Welt und ihren Erscheinungen *Namen* gegeben werden.

Im ersten Buch Moses steht es so zu lesen:

«Denn als Gott der Herr gemacht hatte von der Erde allerlei Tiere auf dem Felde und allerlei Vögel unter dem Himmel, brachte er sie zu den Menschen, dass er sähe, wie er sie nennte; denn wie der Mensch allerlei lebendige Tiere nennen würde, so sollten sie heißen. Und der Mensch gab einem jeglichen Vieh und Vogel unter dem Himmel und Tier auf dem Felde seinen Namen; aber für den Menschen ward keine Gehilfin gefunden, die um ihn wäre.»

Hier wird in seltsamer Weise das Namengeben mit dem Erschaffen und Werden der Gefährtin Eva in unmittelbaren Zusammenhang gebracht. Mit wem sollte der Mensch auch sprechen als mit seinesgleichen? Er kann den Tieren die Namen geben; kann die Dinge und Wesen nennen; wer aber sollte ihm antworten, sobald er zu sprechen, und das heißt, zu fragen beginnt? Das Wort, das, in den Raum gesprochen, ohne Antwort bleibt, zerschellt und verweht; es erstirbt, und die Stummheit ist die Folge.

So finden sich schon in diesen kurzen Hinweisen diejenigen Seeleneigenschaften, aus denen sich Sprache und Sprechen erbilden. Die Sprache ist nur zum allergeringsten Maße der Ausdruck des menschlichen Seins und Befindens; in diesem Bereich lebt sie noch eng verbunden mit allem, was in uns Tier ist. Wenn sie aber den Laut aus dieser Sphäre heraufhebt und dadurch das Tönende vermenschlicht, dann wird es zum Diener des Wortes. Das Tönende verbindet sich der Sprachgewalt, und dadurch können die Namen der Dinge ausgesprochen werden. Es ist die Sprache selbst, die, durch den Menschen wirkend, die Dinge bei ihren Namen nennt.

Damit ist aber noch nicht alles getan; denn Benennung ist nur Feststellung. Die Sprache aber erstrebt ein Weiteres; sie strebt danach, mit sich selbst in Verbindung zu treten. Sie will sich selbst mit dem gehörten Wort auseinandersetzen, um das Gehörte zu verstehen, die vernommene Frage zu beantworten und aus dem eigenen Fragen heraus nach Antwort zu heischen. Deshalb wird Adam von Gott die Gefährtin gegeben. Denn nur dort, wo der Mensch sich durch das Sprechen am anderen Menschen erfährt, wird er sich seiner selbst gewahr.

Wir können nun feststellen, dass die Sprache im Menschen in dreifacher Art erscheint:

1. Als Ausdruck dessen, was in der Seele als tierhaftes Sein lebt.
2. Als Ausdruck jener Fähigkeit, die alle Dinge der Welt benennen kann. So erklingen die Namen der Dinge und Wesen.
3. Als Ausdruck jener Potenz, die sich im Sprechen selbst zu begegnen versucht. Dadurch wird die Sprache Auseinandersetzung mit sich selbst.

An alledem ist der Mensch als Gesamtwesenheit beteiligt. Aber nicht er ist zunächst der Sprechende, sondern der, durch den hindurch die Sprache erklingt und sich selber ausspricht. Dazu benötigt sie ihre eigenen Werkzeuge, und es ist die Sprache selbst, die sich im Menschen diese Werkzeuge schafft. Der Mensch ist für die Sprache eine naturhafte Existenz, an welcher sie sich so betätigt, dass sie sich darin offenbaren kann. Wie ein Künstler sich aus den Stoffen der Natur seine Werkzeuge erschafft, durch welche er sein Werk erzeugen kann, so nimmt die Sprache den Menschen als Natur und schafft aus ihm ihr eigenes Kunstwerk. Darin erscheint er selbst im Abbild. Denn durch die ihm verliehene Sprache hindurch kann er sich als Selbst offenbaren. Er kann als Persönlichkeit durch sie hindurch ertönen (personare) und sich den anderen Menschen mitteilen.

Es war ein recht kindlicher Agnostizismus, der noch vermutete und es auch zu bestätigen suchte, dass das Organ der Sprache einfach der Kehlkopf sei, mit dem beim Sprechen noch einige kleine Bezirke der Gehirnrinde verbunden sind, und dass dies die wesentlichen Elemente seien, aus denen heraus der Mensch zu plappern beginnt. Wir wissen heute, dass es der ganze Mensch ist, der spricht. Als ein physisches, seelisches und geistiges Wesen ist er an der Sprachbildung beteiligt und drückt sich im Sprechen als Persönlichkeit aus. *Rudolf Steiner* hat es einmal so dargestellt: «Wir sind Menschen durch unsere Kehlkopfeinrichtung und durch alles, was damit zusammenhängt … Und alle übrige menschliche Gestalt – bis ins Kleinste hinein – ist so geformt und plastisch gestaltet worden, dass der Mensch auf der gegenwärtigen Stufe gleichsam eine weitere Ausführung seiner Sprachwerkzeuge ist.

Die Sprachwerkzeuge sind etwas, was zunächst für die Form des Menschen das eigentlich Maßgebende ist.» [14]

Was aber sind diese Sprachwerkzeuge des Menschen, deren weitere Ausformung, also deren Metamorphose, er selbst zu sein scheint?

Die Gliederung des Sprachorganismus

Der Kehlkopf ist der Mittelpunkt dieser Sprachwerkzeuge. Er ist das kompliziert gebildete Mittelstück eines Rohres, durch das die Atemluft ein- und ausströmt. Nach unten hin sowohl als nach oben verbreitert und verzweigt sich dieses Rohr, das Luftröhre genannt wird.

Sie führt die Luft nach unten in die beiden großen Bronchien, die in den rechten und linken Lungenflügel eintreten, um sich dort in dichotomischer Art weiter aufzuteilen, sich mehr und mehr zu verkleinern und sich bis ins fast Unzählbare hinein zu vervielfältigen. Gleich dem Stamm eines Baumes, aus dem zwei Hauptäste sich entfalten und diese wieder je zwei und zwei kleinere Äste, dann Zweige und Zweiglein bilden, ist dieser mit Recht so genannte «Bronchialbaum» gebildet, nur dass der Stamm dieses Baumes, der seine Wurzeln im Kehlkopf hat, nach unten wächst und auch nach unten hin sich verzweigt, sodass dieser Bronchialbaum gerade entgegengesetzt zu allen übrigen Bäumen seine Ausrichtung im Raume hat.

Wie aber jedes Zweiglein seinen Abschluss in einem Blatt findet, so endet jedes der unzähligen Bronchiolen in einem Lungenbläschen. Dort hinein strömt die eingeatmete Luft und begegnet in mittelbarer Weise dem Blut, das die Wände der Lungenbläschen umfließt. Die durch diese Begegnung veränderte Atemluft strömt in der Ausatmung zurück und zieht am Ende ihres Weges wieder durch den Kehlkopf. Als Ausatmungsluft dient sie der Sprache. Die Muskeln des Kehlkopfes, welche seine Teile in Bewegung setzen können, erzeugen durch rhythmische Aktivität Verdichtungen und Verdünnungen in der ausströmenden Atemluft und bilden dadurch die plastizierbare Grundsubstanz, die für die Ton- und Lautbildung notwendig ist.

Auch nach oben zu setzt sich das Rohr, um das herum der Kehlkopf gebildet ist, fort. Es zieht als Pharynx (Rachen) nach oben und öffnet sich nach vorne in die Mund- und Nasenhöhle. Nach hinten zu stülpen sich vom Rachen zwei kleine Röhrchen aus, die Eustachischen Tuben, die im Mittelohr enden und durch dieses mit den dahinterliegenden Luftzellen des Schläfenbeines mittelbar verbunden sind.

Der Mund mit Zähnen, Lippen, Zunge, mit den Wangen und dem Gaumen ist der Plastiker der Sprachlaute. Er ergreift die vom Kehlkopf bereitete Luftsubstanz und bildet Lippen-, Gaumen-, Zahn- und Zungenlaute. Die vom Kehlkopf vorgerichtete Luft ist entweder eine blasende oder stoßende, entweder eine zitternde oder nasale. Aus diesen Mischungen entstehen alle uns bekannten Konsonanten.

Der Nasenraum wirkt nur als Resonator; er kann verstärken und abschwächen, und er kann vor allem die Masse der benötigten Luftsubstanz regulieren.

Die Eustachischen Tuben führen zum Mittelohr und schaffen damit die intime Verbindung zwischen Sprechen und Hören; das sollte nicht übersehen werden.

Wollen wir ein anschauliches Bild dieser ganzen Struktur uns verschaffen, eine wirkliche Zeichnung dieses Gebildes, dann müssten wir sagen: Nach unten hin öffnet sich der Rumpf der Luftröhre in die Beine der beiden großen Bronchien; die teilen sich dann auf und werden zu den unzählbaren Lungenbläschen; diese berühren gleich zartesten Tastorganen die sich öffnende Fläche des sie umspielenden Blutspiegels.

Das Fließen des Blutes wird vom Luftorganismus der Sprachwerkzeuge im Raume der Lungen ertastet. Wie viele Tausende kleine Füße berühren die Lungenbläschen die Oberfläche des Blutes, empfinden seine Kraft oder Schwäche, seine Schnelligkeit oder sein Zögern und sind dadurch ein weit ausgebreitetes Tastorgan, das die Natur des Blutes erfährt und sich danach einrichtet. So können wir nur mit größter Mühe sprechen, wenn das Blut durch körperliche Überforderung zu schnell und zu stoßweise fließt. Dann werden diese Tastorgane in das Brausen des Blutstroms hineingerissen und verlieren sich darin. Fließt aber das Blut zu langsam, wie es bei manchen Krankheiten oder bei einem trägen Charakter geschieht, dann fehlt eine genügend enge Verbindung zwischen Tastorgan und Blutstrom, und wieder wird die Sprache aus Mangel an Kraft sich nur schwer der Brust entringen. Halten wir also fest, dass es nach unten zu der Lauf des Blutes ist, der einen bestimmenden Einfluss auf die Sprache hat.

Nach oben hin aber breiten sich, zwei Armen gleich, die beiden Eustachischen Tuben aus und erreichen mit ihren Enden, den Händen, die Gegend des Ohres. Dort halten sie sich fest, ergreifen das Ohr, damit Hören und Sprechen, Rede und Gegenrede im unmittelbaren Zusammenwirken sich vollziehen können. Im Mittelohr betastet der Luftorganismus gleich einer Hand die Membran des Trommelfells. Auch die Membran des sogenannten runden Fensters, das in die geheimnisvolle Höhle des Innenohres leitet, wird ertastet. Dadurch verbindet sich die tastende Hand des oberen Luftorganismus mit dem inneren Ohr sowohl als mit dem äußeren; denn das runde Fenster leitet in die Schneckenhöhle der Ohrkapsel, während das Trommelfell die Grenzwand zum äußeren Gehörgang darstellt.

Im inneren Ohr erst liegt die geheimnisvolle Zelle, in der die Namen der Dinge und Wesen verborgen sind. Dort berühren die ewigen Ideen, aus denen alles Sein und Werden gestaltet ist, den Erdenraum des menschlichen Organismus und sprechen ihre Eigennamen aus. Dorthin reicht die Lufthand des Sprachorganismus; sie ertastet dort das jedem Ding und Wesen eingebildete Wort.

Der Sprachorganismus reicht nach oben bis in die Region des Ohres und verbindet damit das Strömen des Blutes mit dem Vernehmen der Namen; erst dadurch kommt der Hörakt für Namen und Worte zustande. Der Luftorganismus ist nicht nur zum Sprechen, sondern auch zum Hören da. Beide Fähigkeiten sind durch ihn auf das innigste miteinander verknüpft.

Im Mund- und Nasenraum aber haben die Sprachwerkzeuge ihre Werkstatt, in der sie aktiv die Sprache bilden. Der Sprachorganismus ruht auf dem Blut, hört im Ohr und wirkt im Mund- und Nasenraum. Der Mittelpunkt aber ist der Kehlkopf: ein Herz, das ausgleichend nach oben und nach unten wirkt, harmonisierend und vereinend das, was auseinander- oder übereinanderfallen möchte. Dies ist nur deshalb möglich, weil der Kehlkopf nicht ein starres Rohr, sondern ein besonders kompliziertes Gelenk ist, das von einer bestimmten Zahl von Muskeln dauernd in Bewegung gehalten wird. Von oben und unten, von vorn und von hinten ziehen Muskeln zum Kehlkopf, verbinden sich mit seinen Teilen und machen ihn damit zu einem ausgesprochenen Organ der Motorik. Dadurch aber wird das Sprechen zu einer motorischen Ausdruckshandlung. Wie schon zu Beginn dieser Schrift betont wird, erfordert jede Muskelbewegung die Mitbeteiligung der gesamten willkürlichen Muskulatur; das gilt auch für die Motorik der Sprache; sie ist völlig hineingebaut in die Tätigkeit der Gesamtmotorik, ist deren Teil und kann ohne diese nicht funktionieren.

Darauf hat *Arnold Gehlen* sehr deutlich hingewiesen. Er sagt: «Wenn man mit *K. Bühler* die ‹Darstellung› nur als eine der Sprachleistungen neben Kundgabe und Mitteilung ansieht, erweitert man zwar richtig den Standpunkt ins Soziologische, aber man pflegt doch noch die motorische Seite zu übersehen, die die Sprache nun einmal hat. Von daher gesehen sind Sprachäußerungen in erster Linie Bewegungen wie alle anderen, und sie sind durchaus in andere Bewegungsarten transformierbar, wovon die Taubstummenerziehung Gebrauch macht.»[15]

Damit wird der gesamte Bewegungsorganismus als der notwendige Untergrund alles Sprechens charakterisiert. Dieses hinwieder bedingt eine mittelbare Einbeziehung des peripheren und zentralen Nervensystems, sodass nun die außerordentlich komplizierte Ramifikation des gesamten Sprachvorganges ansichtig wird.

Die Sprachwerkzeuge stehen wie ein zentrales Gebilde innerhalb des menschlichen Organismus; sie werden von ihm bestimmt, aber bestimmen durchaus auch ihn. Ihre Grundsubstanz ist die durch die Atmung bewegte Luft, die unten das Blut berührt und oben zum Ohr in intimste Verbindung tritt. Die Kehlkopf-, Rachen- und Mundmuskulatur, als Teil des gesamten motorischen Apparates, wird zum Bildner sowohl der Substanz als auch der Form der Sprache.

Das Leben des Sprachorganismus beginnt im Augenblick der Geburt; wenn der Luftstrom ins Innere des Leibes dringt und im ersten Schrei die Tonbildung sich vollzieht, ist der Anfang gemacht. Während der Embryonalzeit hat dieser Sprachorganismus geruht; er wurde gebaut und gebildet; jetzt aber beginnt seine Tätigkeit und ermöglicht dem Kind, Schritt für Schritt sowohl die Sprache als auch das Sprechen zu erlernen.

Sagen, Nennen, Reden

Bevor jedoch der Gang des Spracherwerbes beschrieben wird, müssen noch einige kurze, aber grundsätzliche Auseinandersetzungen eingeschaltet werden, um eine Verständigung über die hier verwendete Terminologie zu erreichen. Im ersten Abschnitt wurde darauf hingewiesen, dass es die Sprache ist, die das Bedürfnis zeigt, mit sich selbst in Verbindung zu treten, mit sich selbst zu reden. Dass es auch wieder die Sprache ist, aus der die Namen der Dinge erfließen; die Sprache nennt. Wir sollten daher der Sprache als Wesen mehr einräumen, als gewöhnlich getan wird.

Denn noch immer sprechen wir so obenhin zu anderen Menschen, besonders wenn sie Kinder sind, indem wir sagen: «Denk doch erst, bevor du sprichst!» Wer aber tut das in Wirklichkeit? Wird uns nicht oft erst, nachdem wir gesprochen haben, klar und deutlich, was wir eigentlich meinten? Schon der Sprachforscher *Jespersen* wies immer wieder auf den Ausspruch des kleinen Mädchens hin, das sagte: «Lass mich doch sprechen, damit ich weiß, was ich denke!» Und wie recht hat dieses Kind! Denn ein Großteil unseres Sprechens ist wie eine Konversation, die wir mit unserem Denken halten. So aber konversieren wir auch mit anderen Sprechenden, und oft ist es gerade das Überraschungsmoment der eigenen Aussage, das einem Gespräch den Zauber geben kann.

Damit möchte ich aber nicht zum Ausdruck bringen, dass das «Ich spreche» nicht wahr sei; ich spreche wohl, aber so, dass ich keineswegs erst zu denken brauche, um zu sagen, was ich meine. Denn das Ich als Individualität wirkt in der Sprache nicht nur im Raum des Wachbewusstseins, in welchem sich das Denken vollzieht, sondern vor allem im Reich des Traumbewusstseins, aus dem heraus es spricht.[16]

Wie eine Bewegung erst dann anschaulich wird, nachdem jeder ihrer Teile und sie als Ganzes sich vollzogen hat, so wird auch das Sprechen erst völlig bewusst, nachdem es ein Gesprochenes geworden ist. Meist ist es so, dass «ich» mit dem übereinstimme, was ich gesagt habe; schon in den Fehlleistungen aber, und besonders in krankhaften Zuständen, wird die Sprache zu einem selbstständigen *Ens* (Seienden), das oft zum Schrecken des Sprechenden wie aus unerkannten Tiefen aufzusteigen scheint. In diesem Bereich liegt eine der Wurzeln des Stotterns und Stammelns.

«Es spricht» und «ich spreche»; beides ist wahr. Denn die Sprache ist eine von mir unabhängige Entität, die ihren eigenen Modalitäten und Gesetzen folgt; sie hat ihre eigene Vernunft; sie betätigt sich selbst; sie spricht sich aus und wohnt in mir wie der Atemstrom, der kommt und geht.

Sie ist eine Entität, die meine Motorik ergreift und sie in das Reich der Sprachwerkzeuge hinaufhebt und so dem Element der Luft vermählt; eine Entität, die sich wohl auch auf das Strömen meines Blutes stützt und bis zu meinem Ohr hinaufreicht; die in mich verwoben ist und die dennoch ein anderes ist, als ich selbst bin.

Ich spreche die Sprache – das ist die erste Gegebenheit; dann aber spreche ich mich selbst aus: meine Wünsche und Gefühle, meine verborgenen Neigungen, meine Begierden und meine Ahnungen. Alles das ist im Worte «*sagen*» enthalten. Ich sage mich vermittels der Sprache selbst aus.

Die Sprache spricht sich selbst aus – das ist die zweite Funktion des Sprechens. Hier wirkt die Sprache in ihrem eigenen Reich; sie entschlüsselt die ewigen und zeitlichen Namen der Dinge und Wesen, und dadurch werden diese Namen uns Menschen bekannt. Denn nicht «ich» gebe den Dingen die Namen; die Wahrheit ist, dass mir die Sprache gegeben wurde, und dadurch offenbaren sich mir die Namen, und ich kann sie aussprechen und auch verstehen. Alles das ist im Worte «*nennen*» enthalten. Die Dinge und Wesen werden im Raum der Sprache benannt, und ich darf daran Anteil haben.

Die Sprache spricht mich aus – sie lässt mich die anderen Sprechenden verstehen und wendet mich ihnen zu. So kann sich Sprache mit sich selbst und Sprache mit Denken auseinandersetzen. Denn die Sprache ist ein soziales Gebilde, durch das die Wand, die zwischen Ich und Ich besteht, zumindest manchmal, oft auch nur wie zum Schein, überbrückt wird.

Konversation, Gespräch, Gedankenaustausch, all das ist hier beheimatet. Im Worte «*reden*» ist das ausgedrückt. Die Sprache baut die Redebrücken, über die hinüber ich das andere Ich erreichen kann.

Was *Karl Bühler*[17] in sehr primitiv-einseitiger Art als Kundgabe, Einwirkung und Darstellung charakterisiert, hat nun hier seinen rechten Platz gefunden. Kundgabe ist im Sagen, Darstellung im Nennen und Einwirkung im Reden enthalten.

Das Sprechen aber umfasst sie alle drei, und die Sprache selbst ist noch weiter und größer als das Sprechen. Denn das Sprechen ist nur die tätige Seite der Sprache; sie hat aber auch eine leidende, und die ist Teil des Hörens. So wie die Sprache spricht, so hört sie auch das gesprochene Wort, die Kundgabe. Dabei kann sie sich selbst in mir, aber auch in anderen, insoweit diese sprechen, hören; deshalb reicht ihr Werkzeug, der Sprachorganismus, bis hinauf in das Ohr, wo sie am Hören teilnimmt.

So kann die Sprache als eine Entität beschrieben werden, die zwei Seiten hat: eine motorische, das Sprechen, und eine sensorische, das Hören. Beide aber müssen miteinander und gemeinsam wirken, damit die Sprache selbst sich manifestieren kann. Wenn ein Kind taub geboren wird, dann ist meistens nicht das Kind taub, sondern seine Sprache hat den Bereich der Sensorik nicht erreicht; ein ähnliches kann sich für die motorische Seite der Sprache ergeben. Jedenfalls sollte die Sprache selbst als ein Umfassendes und zugleich Selbstseiendes angeschaut werden.

Schematisch lässt sich das bisher Gesagte in der folgenden Art darstellen:

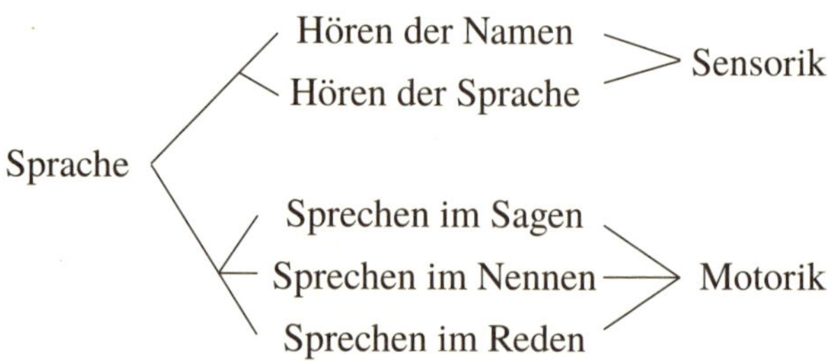

Nach diesen Ausführungen kann mit einer Darstellung der Sprachentwicklung selbst begonnen werden.

Die Stufen der Sprachentfaltung

Es wurde am Ende des zweiten Abschnittes dargestellt, dass der Sprachorganismus im Augenblick der Geburt zu leben anfängt; denn die Atemluft beginnt ein- und auszuströmen, und dadurch kann der erste

Schrei des Kindes ertönen. Mit diesem Vorgang wird das Fundament des Sprechens gelegt.

Wie im Erlernen der aufrechten Haltung und des Gehens ganz bestimmte gesetzmäßig auftretende Regeln sich gezeigt haben, so ist auch der allmähliche Erwerb der Sprache beim Säugling und Kleinkind an bestimmte, wie vorgezeichnet sich vollziehende Schritte gebunden.

Obwohl die ersten richtigen Worte nicht vor dem elften oder zwölften Monat gesprochen werden, beginnt die Sprachbildung dennoch mit dem ersten Schrei.

William Stern hat darauf hingewiesen, dass das Kind sich in dreifacher Art der Sprache nähert: erstens durch die Ausdrucksbewegung des Lallens, zweitens durch sinnloses Nachahmen und drittens durch das sinnvolle Reagieren auf das zu ihm gesprochene Wort. Diese drei Bezüge sind vor allem innerhalb des ersten Lebensjahres deutlich vorhanden. Allen dreien aber geht das Schreien voran.

Der Säugling äußert sowohl seine sympathischen als auch seine antipathischen Empfindungen in einer Variation von Schrei- und Krählauten, welche die Mutter im Laufe der ersten Monate allmählich verstehen lernt.

Erst etwa gegen den dritten Lebensmonat hin tritt im Gebiet der Lautbildung dasjenige zutage, was als Lallen bezeichnet wird. *Friedrich Kainz* sagt darüber das Folgende: «Das Lallen ist ein funktionsvolles Spielen des Kindes mit seinen Artikulationsorganen; wie das Strampeln den motorischen Apparat übt, so bedeutet das Lallen ein instinktives Üben und In-Gebrauch-Nehmen der Muskeln des Sprechapparates. Es besteht in einem Erzeugen artikulierter Lautgebilde von silben- und wortähnlichem Gepräge, anfangs vereinzelt, sodann zu endlosen Lallmonologen verbunden ... Im Gegensatz zu den Schreilauten tragen diese Lallerzeugnisse, ohne echte Sprachlaute zu sein, doch mehr Sprachcharakter, was daraus deutlich wird, dass neben Vokalen auch Konsonanten vorkommen.»[18]

Damit ist eine zutreffende Charakteristik des Lallens gegeben; es ist wichtig, darauf hinzuweisen, dass sich niemals wortähnliche Gebilde darin finden, sondern einzig allein solche mit Silbencharakter. Alles Lallen besteht aus Silben, niemals aus Worten, aber auch kaum aus Einzellauten. Erst die Silbe aber ist der lebendige Baustein der sich entwickelnden Wortbildung; denn das Wort gliedert sich nicht in Laute. «Die wirklichen Glieder des Wortes sind vielmehr die Silben, und die Silbe entsteht durch die Gliederung des Atems innerhalb des Lautstroms.»[19]

So sammelt der Säugling im Lallen die lebendigen Bausteine für seine künftigen Worte. Er tut das in überquellender Fülle und ohne jedes Zeichen von Rationalität. Die Sprachpsychologie hat nachzuweisen versucht, dass das Lallen der Säuglinge bei verschiedenen Völkern durchaus verschieden ist; sie wurde bei diesem Versuch tief enttäuscht. Weder lallt ein französischer Säugling französisch noch ein deutscher deutsch oder ein russischer russisch. Über die ganze Erde hin lallen alle Säuglinge so, als würden sie sich auf jede mögliche Muttersprache vorbereiten. «Es ist fast, als ob die Natur durch diese vielseitigen und unspezialisierten Lauthervorbringungen die Rüstungsdisposition für sämtliche später aktuell werdenden Anforderungen schaffen und das Kind für die Erlernung jeder möglichen Sprache vorbereiten wollte.»[20]

Man könnte das, was *Kainz* hier etwas professoral zum Ausdruck bringt, so sagen, dass man feststellt: Jeder Säugling ist noch ein Weltbürger und keinesfalls ein Staatsbürger. Er hat die Möglichkeit, mit der außerordentlichen Vielfalt der von ihm gebildeten Silben jede nur mögliche Sprache zu erlernen. Es ist auch von großer Wichtigkeit, darauf hinzuweisen, dass taub geborene Kinder im gleichen Maße und Umfang lallen wie Hörende.

Zum Erwerb des Lallens aber kommt ein zweites hinzu, und das ist das sich allmählich anbahnende Verständnis für alles, was zum Kleinkind vor Ablauf des ersten Jahres gesprochen wird. Obwohl der heranwachsende Säugling die zu ihm gesprochenen Worte und Satzgebilde mit wachsendem Verständnis aufzunehmen scheint, handelt es sich dabei noch nicht um ein Wortverständnis im wahrsten Sinne. Denn der Säugling perzipiert gleichzeitig eine Fülle von Gegebenheiten, innerhalb derer eben auch ein Wort oder ein Satz erklingen. Wenn die Mutter sich ihm nähert und ein freundliches Wort zu ihm spricht, wenn der Vater sich über ihn beugt und die Taschenuhr vor seiner Nase herumpendeln lässt, wenn eines der älteren Geschwister ihm ein neues Spielzeug zeigt, dann ist nicht das Wort und der gesprochene Satz das Wichtige, sondern die dabei sich vollziehenden Gesten und Handlungen und die innere Hinwendung zu dem kleinen Kind.

Man sollte versuchen, sich in die Erlebnisart des Säuglings hineinzuempfinden, denn nur dann wird man merken, dass er nicht in Einzelerfahrungen und

Einzelbezügen lebt, sondern in der Gesamtheit und unendlichen Fülle der sich ihm allmählich offenbarenden Umwelt. Es sind Ereignislandschaften, die sich vor dem Kind auftun: mit Wolken von Empfindungen, mit Bergen und Tälern von Bewegungen und Gesten, mit den Wiesen und Hängen, die als die Zuneigungsgefühle dem kleinen Kind entgegenkommen. Und wie in einer Landschaft der Laut eines Tieres oder die Stimme eines Menschen erklingen mag, so ertönt für den Säugling das gesprochene Wort als ein in diesem Gesamterlebnis Vorhandenes. Der Säugling empfindet zunächst die Fülle seiner Erfahrungen als eine Einheit, nicht aber das darin gesprochene Wort als etwas davon Abgesondertes. Die Erlebnis-Geste in ihrem ganzen Umfang bietet eine erste Basis der Verständigung zwischen Säugling und Welt. Das Wort aber ist noch ein fast unbeachteter Teil dieser Ganzheit.

Schritt für Schritt, wenn gegen Ende des ersten Lebensjahres die Aufrichtekraft zum Durchbruch kommt, der kleine Leib sich der Schwere enthebt und sich damit der Umwelt entringt, tritt Abstand ein zwischen ihm und der Welt. Die Erlebnislandschaft beginnt in einzelne Teile zu zerfallen, und das Kind lernt, sich abgetrennt von dieser Umwelt zu empfinden. Der Abgrund zwischen Draußen und Drinnen hat sich aufgetan.

Um diese Zeit hat das Lallen alle Silbenbausteine zusammengeholt; die Sprachwerkzeuge sind in freudiges Tun versetzt, und das Kind beginnt zu spüren, dass die Regungen und Gefühle der eigenen Welt sich irgendwie im Lallen zum Ausdruck bringen können. Es hat auch aus dem Zerfall der Erlebnislandschaft bestimmte Einzelbezüge erwerben können, und nun beginnt z. B. das Wort «tick-tack» sich mit dem glitzernden Gegenstand zusammenzuschließen. Die Silbenfolge «Ma-ma-ma» hängt sich an das Erscheinen der Mutter, hängt sich aber auch an das Verlangen nach der Mutter, verbindet sich mit allem, was Trost, Befriedigung und Ruhe bringt.

In dieser Art kommt es im Verlauf des dreizehnten und vierzehnten Monats, also am Anfang des zweiten Jahres, zu den ersten wirklichen Sprachäußerungen. Zuerst war der Schrei und das Schreien; dann kam das Lallen; keine dieser beiden Lautäußerungen können als Sprechen bezeichnet werden. Jetzt aber beginnt es; nicht so, dass die Dinge schon beim Namen genannt werden, sondern in einer Art, in der ein einziges Wort noch eine große Fülle, eine ganze Erlebnislandschaft – innerhalb welcher das Kind selbst zum Mittelpunkt als Sprechender geworden ist – bezeichnet. Jetzt ist die Silbe «Miie» nicht nur die Bezeichnung für die Milch als Flüssigkeit und als Nahrung; «Miie» heißt: «ich möchte die Milch», oder «ich will nicht die Milch», oder «gib mir die Milch», oder «ach, wie gut ist die Milch», oder «die Milchflasche», oder «die Mutter, die die Milch bringt», oder sogar «die Wolken», die manchmal so weiß wie die Milch sind.

Diese Epoche, die von *William Stern* als die Epoche des Einwortsatzes bezeichnet wird, währt eine geraume Zeit. Sie dauert etwa bis zum Ende des achtzehnten Monats, und während dieser Periode erwirbt das Kind vierzig bis siebzig Worte, die es als Einwortsätze verwendet.

Nach allem, was oben schon ausgeführt wurde, kann diese Periode als diejenige des «Sagens» bezeichnet werden. Das Kind verwendet die Sprache dazu, um sich selbst und seine Strebungen in Einwortsätzen zum Ausdruck zu bringen. Es ist noch nicht die Sprache selbst, die sich hier auszusprechen beginnt; das Kind als Person benützt die Sprache und berichtet mit ihrer Hilfe über sich und seine Erlebniswelt. Es spricht sich selbst aus.

Wie aber im Erlernen des Gehens der sechste

Monat eine entscheidende Wendung dadurch bringt, dass das Kind sich aufsetzt, so tritt im sechsten Monat des Sprechenlernens, d. h. im achtzehnten Lebensmonat, eine gleichermaßen entscheidende Wandlung ein. Denn jetzt kommt es plötzlich und ganz spontan zum Erfassen dessen, was mit dem Nennen der Dinge zusammenhängt. Das Kind begreift, oft von einem Tag auf den anderen, dass jedes Ding einen Namen hat. Mit diesem Augenblick steigt der Wortschatz rapide an, sodass im Laufe der folgenden sechs Monate, bis etwa zum Ende des zweiten Jahres, vier- bis fünfhundert Worte neu erworben werden. Man hat in dieser Zeit oft den Eindruck, als würden die Worte in das Kind hineinregnen, sodass es die einzelnen Tropfen auffängt und sofort weiß, wie mit ihnen umzugehen ist, obwohl niemand es lehrt, wie das zu tun sei.

Ein unmittelbares Verständnis für das Wort selbst und seine Bedeutung ist vorhanden. Und wenn die Kinderpsychologen davon sprechen, dass die Kinder in dieser Periode die Wortbedeutung willkürlich verändern, so ist das ganz unbegründet und unrichtig. *William Stern* z. B. weist darauf hin, dass seine kleine Tochter im neunzehnten Monat die Stiefelspitzen mit dem Namen «Nase» bezeichnete. «Sie liebte es in dieser Zeit, an unseren Nasen zu zupfen und entdeckte die gleiche Möglichkeit an den Stiefelspitzen.» Könnte man aber die letzteren treffender bezeichnen als mit dem Wort «Nase»? Es sind ja die Nasen, die unsere Füße aus den Röcken und Hosen herausstrecken, und damit ihren Weg durch die Welt erriechen.

Die gleiche Tochter gebrauchte zum Erstaunen ihres Papas das Wort «Puppe» nicht nur für eine wirkliche Puppe, sondern auch für einige andere Spielsachen, wie einen Stoffhund und ein Stoffkaninchen; dagegen verwendete sie das Wort «Puppe» nicht für das damalige Hauptspielzeug, ein silbernes Glöckchen. Auch hier ist wiederum nichts Erstaunliches, denn in dem unmittelbaren Namenerfassen des Kindes ist «Puppe» ein Abbild von Mensch und Tier. Es würde auch Bilder von Menschen und Tieren in einem Buch als Puppe bezeichnen. Das silberne Glöckchen aber ist etwas völlig anderes, und der Irrtum liegt nicht beim Kind, sondern beim Psychologen-Vater, der erwartet, dass der Oberbegriff «Spielzeug» vom Kind erkannt werden sollte. Für dieses ist jedoch weder Puppe noch Glöckchen ein Spielzeug, sondern eine der verschiedenen Erscheinungsformen einer sich ihm öffnenden Welt. Es liegt hier keineswegs ein Bedeutungswandel im Gebrauch der Worte vor, sondern für das Kind sind die Wortbedeutungen viel umfassender und allgemeiner, als sie später werden. «Nase» ist eben alles, was seine Spitze in die Welt hinausstreckt, und «Puppe» alles, was nicht Wirklichkeit, sondern Abbild der Wirklichkeit ist.

Für ein anderes Kind kann «Huch» der Ausdruck alles dessen sein, was mit Angst und Überraschung verbunden ist; das Dunkel sowohl als das leere Zimmer, eine Maske und auch ein Schleier, der das Antlitz der Mutter verbirgt; die Berührung des zu Kalten sowohl als des zu Heißen, alles das ist «Huch». Undifferenziert, dafür aber gewaltig weit und noch intim verbunden mit der Welt der ewigen Ideen, lernt das Kind zu wissen, dass jedes Ding, dass alles Existierende, einen Namen hat.

In dieser Zeit, vom achtzehnten bis zum vierundzwanzigsten Monat, lebt das Kind in jenem Reich der Sprache, das mit dem «Nennen» verbunden ist. Alles wird benannt, und eine gewaltige Freude erfüllt das Kind während dieser Periode, in der es sich als ein Entdecker empfindet. Hier ist der Tisch, dort ist das Fenster; da ist der Mond, und dort sind die Wolken; die Mutter, der Vater, die Tante, die Lisa, der Wauwau, alles und jegliches offenbart sich neu dadurch, dass es benannt und damit erneut auch wieder in Besitz genommen werden kann.

Ja, das Kind ist jetzt nicht nur Entdecker, sondern auch Eroberer, denn das, was es benennen kann, gehört ihm und wird sein Eigentum. In dieser Epoche erwacht die Sprache zu sich selbst und fängt an, sich in der Kindesseele zu entfalten. Das Kind spielt mit der Sprache und ihren Worten wie mit den schönsten goldenen Bällen, die ihm zugeworfen werden und die von nun an ihm zugehören.

Während dieser Periode wächst nicht allein die Zahl der Worte, sondern diese beginnen auch sich zu differenzieren. Nun werden allmählich Haupt-, Zeit- und Eigenschaftsworte erworben und ihrem Wert und ihrer Bedeutung nach empfunden. Die folgende Tabelle[21] zeigt die Anteile, in denen die drei Wortkategorien sich im Laufe des zweiten Lebensjahres allmählich herausdifferenzieren.

Alter in Jahren	Hauptwort	Eigenschaftswort	Zeitwort
1.3	100 %	–	–
1.8	78 %	22 %	–
1.11	63 %	23 %	14 %

Aus dieser Aufstellung wird ansichtig, dass erst gegen Ende des zweiten Jahres das Kind die Bausteine für eine allererste primitive Satzbildung erworben hat. Der Kopf im Hauptwort, die Brust im Eigenschaftswort und die Glieder im Zeitwort bilden die erste Grundzeichnung für das Menschenbild, das in jedem einfachen wie auch zusammengesetzten Satz sich offenbart.

Wenn die Satzbildung zunächst auch steif und starr ist und der Kopf nur zu oft auf der Erde steht und die Beine in die Luft streckt, so hat die Satzbildung dennoch ihren Anfang genommen.

Jetzt hat das Kind in der Sprachentwickelung ein ähnliches Stadium erreicht, das es für das Gehen erworben hatte, als es zum ersten Mal einen freien Schritt durch den Raum machen konnte. Mit der Satzbildung ist im Raum der Sprache etwas erreicht, was im aufrechten Gang für das Bewegungssystem zum Erlebnis wurde.

Die Satzbildung ist zunächst noch recht unbeholfen, denn das Kind ist in der Periode des «Nennens», und so stehen die Namen übereinander und durcheinander. So sagt zum Beispiel ein Knabe: «Fallen tul bein anna ans.» Das heißt, er, Hans, ist gefallen und hat sich am Bein von Annas Stuhl gestoßen. *Gabelenz* referiert den Bericht eines kleinen Mädchens, das mit zwei Jahren auf einen Stuhl gestiegen ist, herunterfiel und von der Mutter einen Klaps bekommen hat: «Mädi tul ketter bum mama puchpuch bissen.» Damit wird deutlich, was von der Satzbildung in der Nenn-Epoche zu erwarten ist. Alles ist Name, das Tun sowohl als das Ding; das Erlebnis sowohl als die daraus aufsprühende Empfindung.

Nachdem aber die Schwelle des zweiten Jahres überschritten ist, beginnt Schritt für Schritt die richtige Bildung von Sätzen. Wenn vorher alle Worte Namen waren, so werden sie jetzt erst zu Haupt- und Zeit- und Eigenschaftsworten. Für diese Periode gilt, was *Stern* zu dem erstaunten Ausruf veranlasst: «Welche Mühe muss später auf das Erlernen einer zweiten Sprache verwandt werden, ohne dass doch selbst eine vieljährige Übung zu einer wirklichen Beherrschung führte – dem normalen Kinde von zwei bis drei Jahren dagegen scheint die Sprache seiner Umgebung zuzufliegen. Ohne je Vokabeln zu lernen oder Grammatik zu treiben, macht das Kind von Monat zu Monat die erstaunlichsten Fortschritte.»[22] Diese Aussage ist mehr als berechtigt, aber der Vorgang, den sie schildert, wird erst wirklich verständlich, wenn man zu wissen beginnt, dass es ja nicht das Kind ist, welches die Sprache lernt, sondern dass es die Sprache selbst ist, die sich innerhalb des kindlichen Sprachorganismus entfaltet.

Kainz schreibt darüber das Folgende: «Zunächst wird das Kind der Tatsache inne, dass in dem ihm zur Verfügung stehenden Wortbestand recht Verschiedenes enthalten ist: Bezeichnungen für Personen und Dinge, Vorgänge und Zustände, Eigenschaften, Tätigkeiten usw.»[23] Nun ist es aber keinesfalls so, dass es das Kind ist, das dieser Tatsachen inne wird und das dahingehende Unterscheidungen treffen kann. Jeder, der jemals zwei- und zweieinhalbjährige Kinder beobachtet hat, weiß, dass eine solche Annahme ein Unding ist. Nicht das Kind selbst, sondern die Sprache beginnt sich zu entfalten und sich selbst auszusprechen. Im Kind entsteht der Drang zu erzählen, und dieser Drang erweckt die Sprache, und nun kommt es zu dem, was wir oben als das «Reden» bezeichnet haben. Die Sprache spricht das Kind aus. Sie hört, was von draußen herantönt, und sie ergibt sich dem, was des Kindes Drang von ihr verlangt. Die Muttersprache ist im Entstehen.

Diese Muttersprache entfaltet sich erstaunlich rasch im Laufe des dritten Lebensjahres. Die zuerst so steifen und völlig ungegliederten Sätze beginnen sich allmählich auszuformen und Gestalt und Lebendigkeit anzunehmen.

Wie im Gefolge der ersten Schritte erst allmählich die Vielfalt der aufrechten Bewegungsmöglichkeiten erlangt wird und das Kind durch Wochen und Monate hindurch es übend erlernen muss, vom Gehen ins Laufen, ins Hüpfen und Springen, ins Drehen und Tanzen zu kommen, um den Raum voll zu erobern, so spielt sich im Sprechen ein durchaus Gleichsinniges ab.

Die Worte beginnen sich zu entfalten, sich zu biegen und sich zu wandeln. Ein Hauptwort wird allmählich in Ein- und Mehrzahl unterschieden und von «Fall» zu «Fall» abgewandelt. Das Zeitwort bekommt dadurch Erlebnischarakter, dass es nun wirklich als «Zeit»-Wort in Vergangenheit, Gegenwart und Zukunft gebraucht wird. Die Eigenschaftsworte beginnen gesteigert zu werden, und Präpositionen und Artikel kommen in Gebrauch. Man erlebt förmlich, wie die hilflose Gliederpuppe der ersten Satzversuche allmählich mit Leben und Seele durchströmt wird, sich streckt und dehnt und bald zu gehen und zu hüpfen beginnt. Es ist das «Reden», das nun entsteht.

Erst im Reden vollzieht sich der wahre Erwerb der Muttersprache, die nur dadurch sich bildet, dass das

Kind in einer sprechenden Umgebung aufwächst. Die Sprache spricht mit den anderen Sprechenden und drückt dadurch die Persönlichkeit des Kindes aus. Hier wird die Sprache ein soziales Gebilde, und das Kind wächst in die Sprachgemeinschaft, d. h. in die Gemeinschaft seines Volkes hinein.

Der lallende Säugling war ein Weltbürger; durch die Stufen des Sagens, Nennens und Redens wird er zum Staatsbürger, weil er die Muttersprache erworben hat. Durch die Muttersprache aber setzt er sich wieder in den Besitz der Welt, die er zunächst von sich wegstoßen musste. Denn der Erwerb der Aufrechtheit brachte die Trennung zwischen Welt und Selbst zustande. Durch das Geschenk der Sprache erobert sich das Selbst als Person die Welt zurück. Alles, was wir nennen können, wird unser Eigentum, denn wir lernen es dadurch besitzen, dass sich sein Name uns offenbart.

Das kleine Kind ist jetzt gleich Noah, der in der Arche die ihm zugehörige Welt um sich versammelte. Die Söhne und Töchter und alles Getier, das es selbst mit Namen nennt, ist nun sein. Draußen aber ist die Sintflut, die Wasser steigen; die Sicherheit der Arche jedoch gibt Schutz und Vertrauen. Das ist die Lage, in der sich das Kind um das zweite Lebensjahr herum befindet.

Bald wird Noah die Taube entlassen, um zu erfahren, ob die Fluten gefallen sind. So wird das Kind bald die Tauben der ersten Gedanken aussenden, sowie es die Sicherheit des Sprechens erworben hat.

Die Dreigliederung des Sprachprozesses

Nachdem nun der Erwerb der Sprache durch die Stufen von Sagen, Nennen und Reden dargestellt worden ist, wird leicht einzusehen sein, dass diese drei Tätigkeiten des Sprechens in allerintimster Art in das eingefügt sind, was oben als Sprachorganismus beschrieben wurde. Dieser, obwohl eine Einheit, zeigt dennoch eine dreifache Gestalt; er reicht nach unten dorthin, wo das Blut im Raum der Lunge sich der Luft öffnet. Er tritt nach oben durch die Eustachischen Röhren mit dem Reich des Ohres in direkte Verbindung; und in der Mitte, wo Kehlkopf und Mundwerkzeuge wirken, ist der Sprachorganismus der ein- und ausströmenden Luft hingegeben. Dieser anatomisch-physiologischen Dreiheit entspricht die Dreigliederung des Sprechens selbst.

Von unten her, dort wo Blut und Luft einander begegnen und von wo die Motorik heraufströmt, steigt das «Sagen» nach oben. Es führt die Begierden und Wünsche, die Strebungen und persönlichen Emotionen in den Raum der Sprache hinein und drückt sie im «Sagen» aus. Da liegt eine in sich abgesonderte Welt der Sprache verborgen, die sich noch weit über das Kindesalter hinaus des Einwortsatzes bedient. Wenn wir fordern, befehlen, schimpfen und beleidigende Ausdrücke gebrauchen, aber auch, wenn wir nach etwas verlangen in Sehnsucht oder Unmut, dann ist es die Sphäre des Sagens, die das zum Ausdruck bringt. Ob ich dem einen zurufe «Schurke!» oder dem anderen «He, Ober!», so sind das Einwortsätze, die je nach Betonung zum Ausdruck bringen, was ich meine. *Von unten nach oben entringt sich das Sagen.*

Von oben nach unten aber, vom Ohr zum Kehlkopf fließt und strömt das «Nennen». Dort, wo die Sphäre des Hörens zum Quell des speziellen Sinnes wird, den *Rudolf Steiner* den Sprachsinn nannte, haben die Namen der Dinge ihre ihnen eigene Welt. Dort oben erfährt die Sprache die Namen, und von dort strömen sie in das Gebiet des Kehlkopfes ein und sprechen sich im Sprechen selber aus. Alles, was wir mit Worten benennen können, hat hier sein Reich. Ob Mensch oder Tier, Ding oder Pflanze, Konkretes oder

Abstraktes, wir erfassen sie alle durch den Namen. Das Nennen strömt dem Sagen entgegen von oben nach unten und vereinigt sich und vermischt sich mit ihm, obwohl es ein in sich Bestehendes ist. *Vom Ohr zum Kehlkopf strömt das Nennen.*

Im Ein- und Ausströmen der Atemluft aber wird das «Reden» geboren; deshalb ist es das soziale Element im Reich des Sprechens. Es webt zwischen Mensch und Mensch, zwischen Sprechendem und Sprechendem; es trägt von Seele zu Seele das Spiel von Frage und Antwort. Von oben strömt das Nennen in uns ein, von unten mischt das Sagen sich dazu, und so erscheint das Sprechen selbst am Ende, als wäre es eine Einheit. *Aber auch das Reden ist ein in sich selbstständiges Element und lebt im Atemstrom nach außen fließend.*

Die Silben bauen das Sagen; die Worte bilden die Elemente des Nennens; der Satz wird zum Kleid des Redens. So erhalten auch Silben, Worte und Sätze ihren Bereich, und die unendliche Kompliziertheit und Vielfalt, in der die Sprache und das Sprechen mit dem Menschenwesen verknüpft sind, wird hier ersichtlich.

In dem schon erwähnten Vortrag *Rudolf Steiners* «Die Geisteswissenschaft und die Sprache» beschreibt er gegen Ende seiner Ausführungen das Geheimnis der Sprache mit den folgenden Worten: «Wenn wir die Ausarbeitung der Sprache mit irgend etwas vergleichen wollen, können wir sie nur mit dem künstlerischen Arbeiten vergleichen. Ebensowenig wie wir von der Nachahmung, die der Künstler gibt, verlangen können, dass sie der Wirklichkeit entspricht, ebensowenig können wir verlangen, dass die Sprache dasjenige nachbildet, was sie darstellen soll. Wir haben in der Sprache etwas, was nur so wiedergibt, was draußen ist, wie das Bild, wie der Künstler überhaupt wiedergibt, was draußen ist. Und wir dürfen sagen: Ehe der Mensch ein selbstbewußter Geist im heutigen Sinne war, war in ihm ein Künstler tätig, der als Sprachgeist gewirkt hat, und unser Ich wurde hineingelegt in die Stätte, wo vorher ein Künstler seine Tätigkeit ausgeübt hat … Mit künstlerischem Sinn muß aufgefaßt werden, was als der Sprachgeist dem Menschenwirken zugrunde liegt.»

In diesen Worten wird deutlich offenbar, dass die Sprache das Ergebnis des Sprachgeistes ist, der einstmals im Menschen sie erschaffen hat. Sie ist ein Kunstwerk, und wenn man sie mit künstlerischem Sinn zu erfassen trachtet, dann ergeben sich die drei Glieder, von denen hier gesprochen werden musste.

Die gesamte Sprachpathologie vom Stottern bis zur Stummheit, von der Wortblindheit bis zur sensorischen und motorischen Aphasie wird nur richtig angeschaut werden können, wenn «Sagen», «Nennen» und «Reden» in ihren spezifischen Eigenschaften erkannt werden. Denn der Zerfall jener Dreiheit, die im Sprechen zur Einheit werden muss, wenn Sprache sich ausdrücken soll, die Disharmonie im Zusammenwirken und die Unfähigkeit der Zusammenfügung oder Auseinanderhaltung dieser drei Glieder ergibt erst ein Verständnis für die Vielfalt der hier vorliegenden Abnormitäten. Dies soll nur als Hinweis dienen, denn eine nähere Ausführung würde bei weitem den Rahmen dieser Schrift sprengen.

Wenn immer über die Sprache zu sprechen ist, erscheint ihr Umfang, ihre Größe und ihr Ausmaß so gewaltig, dass es gar nicht möglich ist, ihr, die ein unendliches Geschöpf ist, gerecht zu werden. Und so sollen diese Ausführungen mit den Worten schließen, die einst der Magus des Nordens, *Hamann*, in seiner Schrift «Des Ritters von Rosencreuz letzte Willensmeinung» aussprach.

«Jede Erscheinung der Natur war ein Wort – das Zeichen, Sinnbild und Unterpfand einer neuen geheimen, unaussprechlichen, aber desto innigeren

Vereinigung, Mitteilung und Gemeinschaft göttlicher Energien und Ideen. Alles, was der Mensch am Anfang hörte, mit Augen sah, beschaute und seine Hände betasteten, war ein lebendiges Wort; denn Gott war das Wort. Mit diesem Wort im Mund und im Herzen war der Ursprung der Sprache so natürlich, so nahe und leicht wie ein Kinderspiel ...»

Das Erwachen des Denkens

Die Voraussetzungen für das Erwachen des Denkens

Das dritte Lebensjahr, das nunmehr in unsere Betrachtungen aufgenommen wird, ist von ganz entscheidender Bedeutung für die weitere Entwicklung des Kindes. Im ersten Jahr hat es durch den Erwerb des aufrechten Ganges sich selbst von der Welt abgehoben und dadurch das Erleben der Umwelt von der Erfahrung der eigenen Existenz zu unterscheiden gelernt. Im zweiten Lebensjahr, durch die Geburt der Sprache, sind die Dinge der Umwelt benannt worden, und die Vielfalt des Sprechens, vor allem im Sagen und Nennen, hat eine erste Ordnung in die verwirrende Mannigfaltigkeit des Seinserlebens gebracht. Die Welt (Außen- sowohl als Innenwelt) kann nun zu einem gewissen Grade am Faden der Worte und primitiven Sätze aufgefädelt werden und ähnlich wie die Kettchen, die sich das Kind in dieser Zeit herstellt, farbig gefugt, zum eigenen Schmuck benutzt werden. Denn das kleine Kind betrachtet sich mit größter Freude im Spiegel seiner eigenen Wortgewalt und trägt die Sprache, die es sich erworben hat, wie ein festliches Kleid. Dieses Kleid ist ein Haus, in welchem Geborgenheit waltet; dadurch aber gibt es auch Sicherheit. Und immer wenn das Kleid ein Loch hat, das heißt wenn ein Wort oder eine Satzkonstruktion fehlt oder nicht gänzlich gelingt, fährt Enttäuschung durch die Seele des Kindes, die sich manchmal bis zur Verzweiflung steigern kann.

Im dritten Jahr nun, in der Zeit, die vom erweiterten Spracherwerb bis zum Auftreten der ersten Trotzperiode reicht, kommt es zu einem völlig neuen Ereignis: Das Denken beginnt zu erwachen. Das geschieht in ganz besonderen, oft aus dem Alltag herausgehobenen Augenblicken, während welcher das Kind als Persönlichkeit sich selbst bewusst zu werden beginnt. Oft sind es Augenblicke, die nur ganz selten auftreten und die erst in den späteren Jahren häufiger und bestimmender werden; während des dritten Jahres aber beginnen sie sich zu zeigen. Und dann wird aus dem Kind ein sich selbst und die Welt betrachtendes Wesen; nicht ein Kind mehr, sondern eine seiner sich selbst bewusste Person.

Damit es zu diesem Erwachen kommen kann,

bedarf es aber sehr vieler Voraussetzungen. Manche davon sind bedeutender als andere, aber die Vielfalt der erworbenen Voraussetzungen ist notwendig. Ich erwähne jetzt nur die wesentlichsten, die uns noch näher beschäftigen werden. Da ist vor allem die Ausgestaltung der Sprache in Betracht zu ziehen; denn erst am Ende des zweiten Jahres fangen die meisten Kinder an, das Gebilde der Sätze richtig zu erwerben, und das Wort selbst wird eine Erscheinung, die sich lebendig umzubilden und zu wandeln beginnt. Steigerung des Eigenschaftswortes, Umänderungen des Hauptwortes, die Zeiten der Tätigkeitsworte werden schrittweise erobert. Dadurch vervielfältigt sich das Erlebnis der Zeit und des Raumes, und das Erfassen der Dinge selbst erfährt eine bedeutende Erweiterung.

Weiter ist der Erwerb des Gedächtnisses eine unumgängliche Grundlage für das Erwachen des Denkens. Die stufenweise Bildung der Erinnerung, vom vagen Wiedererkennen bis zum gewollten Hervorbringen von Gedächtnisvorstellungen, gehört hierher.

Ein drittes ist das Spiel. Die freie Betätigung des kleinen Kindes im immer wieder neu sich bildenden Spiel, in der Nachahmung der Erwachsenenwelt und in der Belebung der eigenen Fantasie ist hier von grundsätzlicher Bedeutung. Wie sollte auch ein Kind zum Erfassen seiner Person gelangen, wenn nicht dadurch, dass es alles andere, das sich um es herum vollzieht, wiederholt, nachahmt und dadurch als ein Nicht-Ich vor sich hinstellt? Das ist ja der Sinn alles Spielens, dass das Kind die Welt im Spiel so erschafft, dass es selbst nicht an dieser Schöpfung teilhat, weil es der Schöpfer ist und sich als solcher von seinem Erschaffenen abheben kann.

Dazu kommt vor allem: das allmähliche Erfassen einer Zeitvorstellung, die Zukunft und später auch Vergangenheit in sich beschließt. Ein stufenweise sich ausbildendes Ergreifen des Raumes, in welchem man nicht nur gehen und laufen kann, sondern worin auch die einzelnen Dinge so aufgehoben sind, wie die verschiedenen Spielzeuge in der Truhe und die Kleider im Schrank. So werden denn auch die Häuser und die Gassen, die Felder und die Wege mit den Bäumen und Sträuchern zu einer wohlbekannten Erscheinung. Und wir müssen hier eines in Betracht ziehen, um bestimmte Verhaltensweisen des Kindes zu begreifen: Je kleiner das Kind ist, um so größer erlebt es sich im Verhältnis zur räumlichen Welt.

Es ist auch das allmähliche Erfassen der Wahrnehmungen und ihre Umwandlung in Vorstellungen zu berücksichtigen. Ein Vorgang, der sehr innig mit der Gedächtnisbildung zusammenhängt und an jener Stelle noch Erwähnung finden wird.

Im Hindeuten auf alle diese einzelnen Funktionen der Seele, die sich das Kind im Verlauf des dritten Jahres nicht erwirbt, sondern ausbildet und nicht nur ausbildet, sondern miteinander zu verknüpfen hat, ist die Komplexität der sich hier vollziehenden Vorgänge angedeutet. Nur in ihrer Vielfalt und in ihrem Zusammenspiel kann dasjenige entstehen, was wir als «Erwachen des Denkens» bezeichnen. Die Sprache und die Vorstellungen, das Gedächtnis und das Spiel, das Erfassen von Raum und Zeit sind gleich einem Kreis gütiger Frauen, die sich um eine Wiege neigen, in der ein Kind zwar noch schläft, aber eben dabei ist zu erwachen. Jede der Frauen ruft dem Kind ein ermunterndes Wort und eine helfende Geste zu, und dadurch vollzieht sich der Prozess des Aufwachens; das Kind ist das Denken, von dem hier zu sprechen sein wird.

Zunächst aber muss versucht werden, dasjenige darzustellen, was dieses erwachende Denken ist und was es nicht ist. Denn nur wenn eine diesbezügliche Verständigung geschieht, kann in klärender Art über das dritte Jahr im Leben eines Kindes etwas ausgesagt werden.

Das Denken im Menschen

Zuerst muss einmal mit dem Unfug jener Betrachtungen aufgeräumt werden, die mit *Köhlers*[24] «Untersuchungen an Menschenaffen» begannen, dann von *Karl Bühler*[25] in die Kinderpsychologie eingeführt wurden und von da an wie ein böses Gewächs sich weiterverpflanzten (z. B. bei *Remplein*[26]). Es handelt sich um die sehr bekannten und an sich aufschlussreichen Experimente, die *Köhler* an einer Anzahl von Menschenaffen durchgeführt hat und dabei zu zeigen versuchte, dass es primitive Leistungen der Intelligenz sind, die da zutage treten: dass z. B. einige der Schimpansen fähig waren, eine begehrte Frucht zu erreichen, indem sie nach längerem Versuchen einige Kisten aufeinander türmten, um die an der Decke aufgehängte Banane sich zu holen. Oder dass die «intelligenteren» unter den Tieren dazu vorbereitete Stöcke ineinander zu stecken lernten, um damit eine vor dem Käfig gelegene Frucht zu ergattern. Manche andere ingeniöse Tricks wurden von *Köhler* angewendet, um diese sogenannten Intelligenzleistungen zu erzielen.

Von diesen Versuchen hat sich *Bühler* als experimenteller Psychologe verführen lassen und hat nun mit Kindern zwischen dem achten und sechzehnten

Monat ähnliche Kunststücke durchexerziert. Zum Beispiel stellte er eine Glasplatte zwischen die Hände des Kindes und den erwünschten Zwieback, um nachzuschauen, wie und wann das Kind die «Intelligenz» aufbringen würde, um das Glas herum nach dem Leckerbissen zu greifen. Aber das Kind ließ ihn meistens im Stich. Ein an einen Faden gebundenes Stück Brot wurde dem Kind so hingelegt, dass es zwar den Faden, aber nicht das Brot greifen konnte, und das Kind zog dann vermittels der Schnur den Bissen zu sich. Derartige Dinge veranlassten *Bühler* ganz ernsthaft zu sagen: «Es gibt eine Phase im Leben des Kindes, die man nicht unpassend das Schimpansenalter wird nennen können; bei dem genannten Kinde (das untersucht wurde), gehörte der zehnte, elfte und zwölfte Monat dazu.» Nun kommt es ja darauf an, wer das passend findet oder nicht; wieso aber ein zehn Monate altes Kind in seiner häuslichen Umwelt, das noch kaum bewegungsfähig ist, mit erwachsenen Schimpansen in einer Käfigumwelt überhaupt vergleichbar ist, das sind wohl Denkvollzüge, die sich nur am Beginn des 20. Jahrhunderts einstellen konnten.

Auch wird hier in einer völlig missbrauchenden Art und Weise das Wort Intelligenz benützt. Denn um

Denkleistungen, und das wird hier gemeint, handelt es sich bei diesen tierischen Verhaltensweisen keineswegs. Die Schimpansen kombinieren nicht verstandesmäßig so, dass sie eine Kiste auf die andere setzen oder einen Stock in den anderen stecken, sondern ihr Verlangen nach der Frucht ordnet die Gliedbewegungen in solcher Art, dass sie sich der umliegenden Gegenstände bedienen, um dieses Verlangen zu stillen.

Eine wirkliche Intelligenzleistung läge erst dann vor, wenn ein Schimpanse sich von einem Baum einen Ast abbrechen würde und diesen sich so zurechtmachte, dass er als heranholender Stock ihm dienstbar wird. Oder auch, wenn er sich aus Brettern eine Kiste zusammennageln könnte, indem er kleinere und härtere Holzteilchen als Nägel und einen Stein als Hammer verwendete, um dann diese Kiste einem vorher ersonnenen Gebrauch zuzuführen. Von alledem aber ist in den *Köhlerschen* Versuchen keine Rede; es werden wohlzubereitete Gegenstände so hingelegt, dass Trieb und Begierde sich ihrer bedienen konnten. Dabei liegt nichts anderes vor, als dass sinnlich wahrgenommene Teilstücke durch die Macht der Wünsche in sinnvolle Ordnungen gebracht wurden. Das alles meinen wir nicht, wenn hier vom Erwachen des Denkens gesprochen wird.

Als Intelligenz hat *Stern* einmal diejenige Fähigkeit bezeichnet, «die sich unter zweckmäßiger Verfügung über Denkmittel auf neue Forderungen einstellt».[27] *Stern* spricht also von Denkmitteln, die einer intelligenten Leistung zugrunde liegen; diese aber sind weder beim Schimpansen noch beim einjährigen Kind so vorhanden, wie *Köhler* oder *Bühler* sie zu verstehen suchen.

Die notwendigen Grundlagen, die zum Erwachen des Denkens führen können, werden erst dadurch gelegt, dass die Sprache im Kind sich zu entwickeln beginnt. Sie ist wie ein Pflug, der das Ackerland der Seele so bearbeitet, dass in die aufgeworfenen Furchen die Samen der kommenden Denkleistungen gelegt werden können.

Auch sind noch so sinnvoll erscheinende Sprachäußerungen des Kindes nicht als Denkleistungen zu werten. Wenn es z. B. damit beginnt, Dinge zu benennen und sie beim öfteren Sehen nicht nur wiedererkennt, sondern auch richtig bezeichnet, so ist das keinesfalls eine Denk-, sondern eine Gedächtnisleistung im Rahmen der Sprache.

Auch wenn ein Kind statt des eigentlichen Dinges selbst sein gezeichnetes oder gemaltes oder sonstwie dargestelltes Abbild zu identifizieren beginnt und z.B.

das Bild der Katze mit dem richtigen Namen benennt, dann ist auch dieses Verhalten nicht dem Erwerb des Denkens zuzuschreiben. Denn auch hierbei handelt es sich um eine zwar komplexe, aber fast alleinige Leistung des Gedächtnisses als Funktion des Wiedererkennens.

Wir erwähnten oben schon, dass das Gedächtnis, ähnlich der Sprache, zur Vorbereitung des Denkens notwendig ist. Denn die Keime, die in die Ackerfurchen der Sprache gelegt werden, sind jene Bilder und Namen, Vorstellungen und Empfindungen, die das Gedächtnis dem kleinen Kind erhält; dass diese Erwerbung von Bildern sich nicht immer wieder auflöst und verschwindet, ist das Resultat der Gedächtniskraft. Nur durch sie bewahrt die Seele des Kindes die Namen der Dinge im Zusammenhang mit den dabei entstandenen Bildvorstellungen; aus diesen Keimen erwachsen im Laufe des dritten Lebensjahres die ersten wenigen Halme wahrhaften Denkens.

Was aber nennen wir dieses Denken? Das Kind hat z. B. im dritten Jahr die größten Schwierigkeiten, sich eine Vorstellung von Zeiträumen zu erwerben. Es kann fragen: «Ist heute morgen?» oder «Ist gestern heute?» *Stern* z. B. berichtet, dass eines seiner Kinder sagte: «Wenn wir nach Hause fahren, dann ist heute.»

Oder auch: «Wir wollen heute packen und gestern fahren.» Es müht sich hier etwas damit ab, gestern, heute und morgen in eine richtige Ordnung zu bringen, sodass ein Vorhandenes, das nicht anschaubar und auch nicht angreifbar oder anhörbar ist, dennoch seinen richtigen Platz erhält. Das Kind weiß schon in der Empfindung, dass es ein «gewesen» und ein «zu kommendes» gibt. Das lebt als dumpfes Gefühl in ihm; dass aber der heutige Tag morgen ein gestriger sein wird, das hebt sich erst allmählich als Gedankenstruktur aus dem Erlebnis der Vielfalt der Weltereignisse heraus. Ja, es ist das schrittweise Auftauchen von unsichtbaren, dafür aber denkbaren Strukturen, die der erlebten Wirklichkeit eingeschrieben sind und die das Kind zu erfassen beginnt.

Wenn es dann einmal soweit ist, dass es bei einer Mahlzeit zu sinnieren beginnt und sich dann etwa so vernehmen läßt: «Papi Löffel, Mammi Löffel, Teta Löffel, Bubi Löffel, alle Löffel!» heißt das also, dass es nun wahrhaftig die gewaltige Entdeckung machte, dass es Gegenstände gleicher Rangordnung gibt und dass nicht jedes einzelne Ding seinen eigenen Namen, sondern viele gleiche Dinge einen gemeinsamen Namen besitzen; dass also alle Löffel «Löffel» heißen und dass jeder Mensch – Vater, Mutter,

Tante und Kind – je einen Löffel besitzen; dann ist der große Moment gekommen, wo das Denken zu einer bewussten Funktion zu erwachen beginnt. Erst in diesen Augenblicken vollziehen sich die ersten Denkakte und häufen sich, je älter das Kind wird, um dann während der Schulzeit zu regelmäßigen täglichen Tätigkeiten zu werden.

Wir dürfen also keinesfalls, wie das heute noch immer geschieht, Seelentätigkeiten, die an sich sinnvoll sind und zu geordneten Leistungen führen, mit wahren Denkakten verwechseln. Denn auch das Unterbewusste vollzieht viele seiner Handlungen und Strebungen durchaus vernünftig. Auch die Tiere zeigen in ihrem Verhalten eine oft unvorstellbar klare und konkrete Vernunft; denn die Art, wie z.B. Bienen ihre Waben bauen, wie Ameisen ihre Nahrung bereiten, wie Wespen die Zukunft ihrer Brut sichern (und Hunderte solcher Beispiele könnten angeführt werden), diese Art ist durchaus vernünftig. Aber es ist eine aus dem Organischen wirkende Vernunft, die sich nicht selbst erfasst, sondern als tätiger Verstand sich der Organismen als Werkzeuge bedient.

Das Denken des Kindes aber, wenn es im dritten Lebensjahr erwacht, ist eine sich selbst erfassende, seiner selbst sich bewusst werdende Vernunft. Was als ordnende Kraft, was als wirkende Gestaltung in allen Dingen verborgen liegt, das erhebt sich im menschlichen Haupt zur leibbefreiten Betätigung und wird zum erwachenden Denken.

Dieses Ereignis tritt zum ersten Mal im Laufe des dritten Jahres auf und soll uns im Folgenden noch eingehend beschäftigen. Ehe das aber geschieht, müssen die Voraussetzungen, die zur Denktätigkeit hinführen, studiert werden.

Erste Voraussetzungen für das Denken

Nachdem im Verlauf des zweiten Jahres das Kind das «Sagen» und «Nennen» gelernt hat und in sehr hölzernen Satzbruchstücken sich zu äußern versucht, beginnt im dritten Jahr das gesamte Gebiet der Sprache sich zu verlebendigen. Wir sagten schon: Man erlebt förmlich, wie die hilflose Gliederpuppe der ersten Satzversuche allmählich mit Leben und Seele durchströmt wird, sich streckt und dehnt und bald zu gehen und zu hüpfen beginnt.

Was das Kind sich nun erwirbt, ist die lebendige Einverleibung dessen, was es sich später als Grammatik gedanklich anzueignen hat. Besonders die

Morphologie der Worte und die Kunst der Satzbildung, die Syntax, beginnen im Kind zu erwachen. Die Sprache gebiert sich nun selbst in ihrer vollständigen Größe und Schönheit. Jetzt werden Deklination, Konjugation und Komparation gelernt, aber nicht im Sinne des späteren Lernens, sondern so, dass in der Nachahmung und der inneren Behendigkeit des Kindes die Worte selbst ihr Eigenleben entfalten können. Damit entstehen die unendlichen Möglichkeiten der Beschreibung alles dessen, was die Vielfalt des Erlebens dem Kind zuträgt. Schon dadurch, dass es Substantiv, Verbum und Adjektiv zu gebrauchen beginnt, eröffnet sich ihm die Welt als seiende Existenz (Substantiv), die im Tun und Leiden sich dauernd bewegt und tätig ist (Verbum) und die auch der Beurteilung und Beschreibung durch andere (Adjektiv) unterliegt. So bilden Haupt-, Zeit- und Eigenschaftswort nicht nur das Urbild aller Satzgestaltung, sondern aller Erscheinungsweisen des Daseins der Erde überhaupt.

Beginnt die Deklination der Hauptworte, dann entstehen im Kind die ersten Empfindungen für die Art, wie Dinge und Wesen in Erscheinung treten und sich zueinander verhalten können: Im Nominativ noch isoliert und auf sich beschränkt und bezogen;

im Genitiv das Besitzverhältnis, die Zugehörigkeit, die Teilhaberschaft beschreibend; im Dativ auf die Qualität, den Ort, den Zeitpunkt hinweisend und das Ding oder Wesen als Objekt erfassend; im Akkusativ mehr die Quantität beschreibend, die räumliche Ausdehnung und die Zeitdauer selbst darstellend.[28]

Außerdem beginnt sich die Unterscheidung zwischen Einzahl und Mehrzahl herauszugliedern und die Differenzierung in Maskulina, Feminina und Neutra. Damit aber wird innerhalb des sprechenden Kindes eine Art von Kategorienlehre, wie sie *Aristoteles* zum ersten Mal erfasst und dargestellt hat, lebendig. Im Sprechen wiederholt das Kind auf der Stufe des Wortes alle Bezüglichkeiten der Dinge und Wesen der es umgebenden Welt.

Und wenn erst das Verbum mit seinen Konjugationen zum allmählichen Besitz wird, als transitives, intransitives und reflexives anzeigend, ob es sich um eine allgemeine Tätigkeit (blühen, denken, fallen) oder eine auf eine Person oder Sache bezogene handelt, dann entsteht im Kind das Empfinden für die Vielfalt alles Geschehens. Wenn durch die Konjunktion die Tätigkeit oder der Vorgang so beschrieben wird, dass er nach Person, Zahl, Zeit, Art und Weise und Zustand sich darstellen kann, kommt es zu einer fast unbegrenzten Erweiterung in der Anwendung dieser Kategorienlehre.

Nun beginnt das Kind über Vergangenes und Zukünftiges zu sprechen, und dabei bilden sich Zeitvorstellungen aus, die später zum Erfassen einer Mitvergangenheit und Vorvergangenheit und zum Bild einer Vorzukunft hinführen. So lernt das werdende Wesen sich als ein in der Gegenwart handelndes Subjekt immer mehr bestimmen.

Im Adverb lernt das Kind auf einzelne Eigenschaften hinzudeuten und einem Ding, das aus vielen Bezügen und Eigenschaften besteht, eine bestimmte, die es heraussondert, zuzuschreiben. Diese Einzelzeichen werden dann auch an anderen Dingen wieder aufgefunden und mit der zuerst erfassten Eigenschaft verglichen; dadurch bildet sich allmählich die Komparation heraus. Dass das nicht leicht ist, zeigt z. B. das sehr genau beschriebene Kind Annchen,[29] das mit zwei Jahren und sechs Monaten, als es drei ungleich große Türme aufgezeichnet bekam, von ihnen sagte, dass der eine groß, der andere klein und der mittlere dick sei. Das Erfassen einer vergleichbaren Größenordnung war noch gar nicht vorhanden. Durch längere Zeit galt diese Komparation für Annchen als die einzig mögliche, denn die Erfassung in der

Steigerung dreier ähnlicher Dinge bildete sich erst gegen das Ende des dritten Jahres aus.

Unendlich viele Beispiele könnten für dieses allmähliche Heranreifen im Erfassen der lebendigen Grammatik gebracht werden. Auch ist das Kind im Deklinieren und Konjugieren noch viel beweglicher als der Erwachsene und verwendet die Worte mit einem Überschuss an Gestaltungskraft. Es wird nicht die Teller, sondern die Tellern, nicht die Schuhe, sondern die Schuhen sagen, um eben bis in die Wortform hinein den Plural vom Singular zu markieren.

Alles das aber sind nur Vorbereitungen für das Denken und noch nicht die Denkakte selbst. Es sind die zahllosen Furchen und Figuren, die der Pflug der Sprache in den Acker der Seele einprägt. *Rudolf Steiner* hat einmal ganz grundlegend auf die Differenz zwischen Denken und Sprechen hingedeutet, indem er sagte: «Unser Sprechen ist ja gegenüber dem, was wir als Verlauf unseres Denkens, als Verlauf unserer Ideen betrachten, etwas mehr oder weniger recht Unbewusstes. Das Denken verläuft bei uns Menschen in einem gewissen hohen Grade bewusst – das Sprechen ist nicht in demselben Grade bewusst. Es erfordert nur eine ganz geringe Selbstbeobachtung, wenn man wissen will, dass man nicht in demselben

Maße bewusst spricht wie man bewusst denkt.»[30] Und in diesem Halbbewusstsein, das noch nicht so tief liegt wie das Traumbewusstsein, sondern in der Region, die sich zwischen Traum und Wachen ausbreitet, vollzieht sich das Erlernen des kindlichen Sprechens.

Wenn ein Kind für Dinge, die es noch nicht benennen kann, neue Bezeichnungen produziert, die entweder völlige Neuschöpfungen oder Zusammensetzungen und Veränderungen von sonst schon bekannten Worten sind, dann ist es nicht das Denken des Kindes, sondern die der Sprache immanente Bildekraft, die das vollzieht und durch das Kind äußert. Wenn daher Annchen gefragt wird, wie ihr Wurstl heißt, sagt sie erst Rinka, dann Rinkus, dann Pusta. Sie produziert also eine Art von Wortsalat mit völliger Freude am Neubilden der Worte; und *Elsa Köhler* hat richtig beobachtet, wenn sie hinzufügt: «Ich glaube A. wäre imstande, nun, da sie im Zuge ist, noch ein halbes Dutzend neuer Worte zu improvisieren.» Das gleiche Kind bezeichnet die Magermilch als «Wassermilch», einen Schutthaufen als «Schmutzberg», einen Mörser, den es sieht, als den «Zonzuckerstoßen» und den Eisenbahnschaffner als «Herr Bahnhof», mit der Begründung: «Der in der Eisenbahn ist … der zwickt die Karten». Aber es handelt sich hier nicht um eine Begründung gedanklicher Art, sondern um eine Beschreibung und Kombination sinnlicher und sprachlicher Erlebnisse.

Alle diese Beispiele deuten auf die gewaltige plastische Kraft hin, welche der kindlichen Sprache innewohnt. Dabei kann an einen Hinweis *Rudolf Steiners* gedacht werden, der einmal sagte: «Wäre der Mensch nicht durch den Sündenfall gegangen, dann wäre die Sprache niemals etwas Bleibendes geworden. Das ist dadurch geschehen, dass die Sprachen differenziert wurden. Eine bleibende Sprache gäbe es nicht; sondern es würde immer jedes Ding, jeder Eindruck unmittelbar mit einer tönenden Geste von innen her beantwortet werden. Man stünde mit dem Wort ganz in der äußeren Wesenheit darinnen. Von dieser lebendig-flüssigen Sprache ist dasjenige, was sich als Sprache dann ausgebildet hat, nur die irdische Projektion, das Heruntergefallene, das Abgefallene.»[31] Diesen ursprünglich veranlagten Zustand wiederholt das dreijährige Kind andeutungsweise in seinen immer wiederkehrenden Sprachneuschöpfungen.

Das «Abgefallene» der Sprache aber trägt durch die Gesamtheit der Grammatik die ganze Weltvernunft als Abbild in sich. Davon spricht *Rudolf Steiner* ausführlich[32] und zeigt, wie in einzelnen Worten bildende Kräfte der Vernunft walten. Sodass zum Beispiel ein Wort wie das französische «courage» aus den Worten «coeur» und «rage» zusammengesetzt ist und dabei auf das Lebendige und den Enthusiasmus, der vom Herzen ausgeht, hinweist; denn das ist die vernünftige Darstellung des Wortes Mut. «Das sind nicht irgendwelche Erfindungen, sondern das sind reale Geschehnisse, die wirklich da waren. So sind die Worte gebildet.»

Wir kommen damit zu einem ersten Verstehen jener gewaltigen Grundlage, welche die Welt der Sprache dem Kind für die Entwicklung seines Denkens gibt. Im gesamten Sprachkörper lebt eine allwaltende Vernunft; und indem das Kind spricht, nimmt es teil an diesem Reich. Es kann noch nicht allein und selbstständig denken; im Sprechen aber übt es die Regeln der Vernunft, da die Grammatik die Logik der Sprache ist: eine universelle Logik, die sich später zur individuellen Logik in der denkenden Person erheben wird.

Merken, Besinnen, Erinnern

Die zweite Sphäre, in die das dreijährige Kind hineinzuwachsen hat, ist das Reich der Erinnerung und des Gedächtnisses. Im Verlauf des dritten Jahres erhält die Ausbildung der Erinnerungsfähigkeit einen entscheidenden Anstoß und tritt sozusagen in ihre eigenen Rechte ein. Am Ende des dritten Jahres ist das Gedächtnis soweit vollendet, dass es zu einem grundlegenden Bestandteil der Bewusstseinserlebnisse geworden ist. Von diesem Zeitpunkt an bildet sich auch der Faden der Erinnerungen so aus, dass er recht bald zu einem Kontinuum für die Tageserlebnisse wird.

Obwohl diese Ausbildung der Erinnerung von großer Bedeutung für das Erwachen des Denkens ist, sind beide Seelentätigkeiten doch grundsätzlich voneinander zu unterscheiden. Die Entwicklung des Gedächtnisses beim kleinen Kind stellt viele Probleme. In ihren Grundlinien aber kann heute die Ausbildung der Erinnerung gut verfolgt werden, besonders dann, wenn einige wesentliche Hinweise *Rudolf Steiners* einer solchen Betrachtung zugrunde gelegt werden. Er hat einmal dargestellt,[33] wie innerhalb der Menschheitsgeschichte eine dreifache Wandlung der

Erinnerungsfähigkeit sich vollzogen hat. In den Urzeiten der atlantischen Entwicklung begann es mit der Entstehung eines lokalisierten Gedächtnisses: «Alle Lebensgebiete, alle Lebensörtlichkeiten der Menschen waren mit lauter Merkzeichen übersät, denn man hatte noch nicht ein Gedankengedächtnis. Wo irgend etwas geschah, da stellte man gewissermaßen ein kleines Denkmal auf, und wenn man wieder hinkam, dann erlebte man an dem Merkzeichen, das man machte, die Sache wieder.» Dieser lokalisierten Erinnerung folgte die rhythmisierte Erinnerung. «Da hat der Mensch das Bedürfnis entwickelt, wenn er irgend etwas gehört hatte, das so in sich zu reproduzieren, dass ein Rhythmus herauskam. Wenn er die Kuh erlebte – Muh –, dann nannte er sie nicht Muh allein, sondern Muh-Kuh; d. h. er türmte das Wahrgenommene so übereinander, dass ein Rhythmus herauskam.»

Als dritte Gedächtnisform nennt *Rudolf Steiner* dann die Zeiterinnerung, «wo das zuerst auftritt, was uns in unserer jämmerlichen Abstraktheit des modernen Menschen ganz selbstverständlich ist: das Zeitgedächtnis, wo wir im Bilde etwas hervorrufen; wo wir nicht mehr so erleben, dass wir in rhythmischer Wiederholung es wachgerufen haben müssen in halb- oder ganz unbewußter Tätigkeit, wenn etwas wieder aufsteigen sollte».

Am Übergang der atlantischen in die nachatlantischen Kulturen, also etwa um das Jahr 8000 v. Chr., tritt der Wandel von der lokalisierten zur rhythmisierten Erinnerung ein. Am Übergang der vorderasiatischen Hochkulturen nach Griechenland, also zur Zeit des Trojanischen Krieges etwa, bei der Grundsteinlegung Europas, verwandelt sich das rhythmisierende Gedächtnis in die Bilderinnerungen.

Es ist ganz offenbar, dass das lokalisierte Gedächtnis dadurch zustande kommt, dass die Gliedmaßen in der Umwelt Merkzeichen aufrichten; die Hände bauen oder bilden ein wenn auch primitives und einfaches Denkmal. Das rhythmische Gedächtnis aber bedient sich vor allem des Elementes der Sprache und des Gesanges. Das Bild- oder Zeitgedächtnis endlich ist eine Angelegenheit des Hauptes; sodass diese drei Formen der Erinnerung gleichsam wie von unten nach oben steigen und von der Gliedmaßenbewegung über die Sprachmotorik in die Ruhe des Hauptes hinaufwandern.

Es ist bedeutsam, dass es in unserer Sprache noch Worte gibt, die auf diese Gedächtnisformen exakt hinweisen. Da ist zunächst das Wort «merken»; mit ihm wird noch auf die Marke, die Markierung, den Markstein hingewiesen. Ich merke mir etwas, indem ich mir selbst davon eine Anmerkung mache oder draußen eine Markierung dafür finde.

Das zweite Wort ist «besinnen», das von «sinnen», vom immer wieder sich «Be-Sinnen» kommt. Schon im Klang enthält es ein rhythmisierendes Element, das dann vom innerlichen Sinnen zum sich äußernden Singen wird. Dazu gehört der Sang und die Sagen, jene rhythmisch vorgetragenen Epen, welche in den Hörern das rhythmische Gedächtnis erweckten. Von der Bhagavadgita bis zu den Gesängen Homers und dem Nibelungenlied sind sie die Former und Gestalter der rhythmisierten Erinnerung.

Das dritte Wort ist «erinnern». Nun steigt das, was in das Innere der Seele hineingelegt wurde, als «Er-Innerung» wieder auf.[34] Es ist die heute allgemein gültige Form der Erinnerung, die wir alle kennen.

So läßt sich die folgende Stufenleiter für die Gesamtheit des Gedächtnisses aufstellen:

Gedächtnis:
- 1.Stufe: Lokalisierte Erinnerung = «merken».
- 2. Stufe: Rhythmisierende Erinnerung «besinnen».
- 3. Stufe: Bildhafte Erinnerung = «erinnern».

Die Entwicklung des Gedächtnisses beim kleinen Kind durchläuft in markanten Zügen die gleichen drei Stadien der Gedächtnisbildung, und *Karl Bühler* ahnt etwas von dieser Dreistufigkeit, wenn er sagt: «Es gilt nun der Satz, dass das kleine Kind die Stufen oder Phasen, die wir hier abstraktiv unterschieden haben, in Wirklichkeit als Entwicklungsstufen seiner Erinnerungstätigkeit von unten nach oben durchläuft; in dem Sinne also durchläuft, dass die unbestimmten Bekanntheitseindrücke … zuerst, dann die Erlebnisse des bestimmteren Wiedererkennens und schließlich auch vollständige Erinnerungen mit räumlicher, zeitlicher und logischer Einordnung bei ihm festgestellt werden können.»[35] Hier wird, durchaus unbestimmt, etwas beschrieben, was in der von *Rudolf Steiner* dargelegten Dreiheit klar zutage tritt.

Während des ersten Lebensjahres ist das Kind fast völlig von der lokalisierten Erinnerung erfüllt. Es erlebt dadurch die von *Bühler* beschriebenen «Bekanntheitseindrücke»: wenn immer wieder das Gesicht der Mutter erscheint, wenn das Schwesterchen sich über den Wiegenrand beugt, wenn Licht und Dunkelheit wechselnd an es herantreten. Hier erscheinen Merkzeichen von außen und bilden in einer noch vagen Form die Grundlagen des «Merkens» aus.

Im zweiten Jahr aber, wenn die Sprache entsteht, dann beginnt sich das rhythmisierende Gedächtnis auszuformen. Jetzt werden neu erlernte Worte bis zur Ermüdung immer wieder wiederholt und neue Bewegungsformen dauernd repetiert, ein Bilderbuch immer neu hervorgeholt und angeschaut und dabei die erlernten Töne wiedergegeben. Während dieses zweiten Lebensjahres ist das Kind wie besessen vom Rhythmus, und alles, was es tut, ist Wiederholung. Daneben weitet sich das lokalisierte Gedächtnis; bestimmte Orte werden mit Freude aufgesucht, andere mit Angst gemieden, weil gewisse Erinnerungsformen damit verknüpft sind. Zur gleichen Zeit bilden sich auch die allerersten Anfänge der dritten Form des Gedächtnisses. «Diese ersten Spuren von Erinnerungsvorstellungen, freilich nur ganz kurzfristigen, zeigen sich vom zweiten Jahr an. Um die Mitte des zweiten Jahres beginnen aber auch schon Erinnerungen mit längerer Latenzzeit aufzutauchen. Eine bevorzugte Stellung hat hier die 24-Stunden-Periode.» Das beschreibt *Stern*,[36] und mit Recht weist er auf die Periodizität hin, denn erst sind es noch schattenhafte Bilderinnerungen, dagegen sehr lebendige Erlebnisse des rhythmisierenden Gedächtnisses.

Wenn ein zweijähriges Kind verlangt, dass täglich

zur gleichen Zeit ein gleiches Geschehen eintreten soll oder dass ein einmal erzähltes Märchen auch alle nächsten Male mit den gleichen Wendungen und Gefühlsbetonungen wiedergegeben werden muss, dann ist das der Ausdruck der rhythmisierenden Erinnerung, von der diese Altersstufe beherrscht ist.

Gegen Ende des dritten Jahres werden die Gedächtnisvorstellungen immer häufiger und fügen sich mit immer größerer Ausdehnung dem Gesamtbereich der Erinnerung ein. Die Merkfähigkeit und die Besinnung werden Schritt für Schritt von der dritten Form des Gedächtnisses überwältigt.

Das Kind lernt jetzt auch das zu behalten, was ihm auf dem Wege der Sprache mitgeteilt wird, das heißt, es wird für Belehrung und Ermahnung empfänglich. Diese Errungenschaften aber sind schon wieder das Resultat des erwachenden Denkens; davon wird später noch gesprochen werden.

Auch ein allererstes Bild seiner eigenen Vergangenheit erhält jetzt das Kind; denn die Kraft der Reflexion beginnt in seiner Seele sich zu entfalten. *Stern* beschreibt das in sehr eindringlicher Art: «Dass das Kleinkind zu seiner eigenen Vergangenheit ein merkwürdig sprodes Verhältnis hat, mußte schon mehrfach betont werden. Zwar schuldet es dieser

Vergangenheit und den aus ihr stammenden Nachwirkungen all sein Wissen und seine Fertigkeiten; aber zu einer Rückschau auf sie ist es noch nicht fähig … In dem Nebel, der dem Bewußtsein des Kindes die eigene Vergangenheit verdeckt, tauchen hier und da schwache Lichtpunkte auf, unklar, schnell verschwindend. Sie werden mit fortschreitendem Alter deutlicher, mannigfaltiger und häufiger und verbinden sich späterhin zu größeren Zusammenhängen … Aber viele Jahre vergehen, ehe an die Stelle dieser Bruchstücke ein zeitlich gestaltetes Vergangenheitserleben tritt.»[37]

Damit aber bildet sich gegen das Ende des dritten Jahres hin der Gedächtnisrahmen für das Erleben der Persönlichkeit aus. Jetzt ist das Kind, dem die eigene Vergangenheit allmählich aufzutauchen beginnt, so weit, dass es eine Vorstellung seiner Persönlichkeit bekommt. Das ist zunächst nur eine dumpfe Empfindung, aber sie ist vorhanden; im Gegensatz zu dem kleineren Kind. In diesem blitzen nur beim Wiedererkennen von Dingen und Situationen, beim rhythmischen Wiederholen von Tätigkeiten (dazu gehört auch das Sprechen) die geschlossenen Formen der eigenen Existenz auf.

So wird der Erwerb des Gedächtnisses zu einer der wichtigsten Voraussetzungen für das Erlebnis der eigenen Person.

Die kindliche Fantasie

Im Zusammenhang mit dem Auftreten der Bilderinnerung, die ja eine Folge der Vorstellungsbildung ist, erwächst im Kind noch eine andere Seelenkraft: die Fantasie.

Rudolf Steiner hat in ganz grundlegender Art auf den polaren Zusammenhang hingewiesen, der zwischen Gedächtnis und Fantasie besteht. Er sagt: «Ebenso wie das Vorstellen auf Antipathie beruht, so beruht das Wollen auf Sympathie. Wird nun die Sympathie genügend stark – wie es bei der Vorstellung, die zum Gedächtnis wird, die Antipathie wurde –, dann entsteht aus der Sympathie die Fantasie.»[38] Das hierher gehörige Schema zeigt deutlich diese Zusammenhänge:

Erkennen .... Wollen
Antipathie .... Sympathie
Gedächtnis .... Fantasie

Ist aber über die Fantasie des Kindes kurz zu sprechen, dann kann man an die Worte erinnern, die *Stern* an den Anfang des Kapitels «Spiel und Fantasie» setzt: «Wo beginnen? Wo aufhören? Nirgends wird man so von der Fülle des Stoffes überwältigt, wie bei dem Thema der Fantasie- und Spieltätigkeit.»[39]

Gerade die Fantasie ist eines der stärksten Charakteristika des Kleinkindalters, hat aber auch hier ihre besondere Stellung, die nicht immer klar genug durchschaut wird. Viel zu leicht wird die Kraft der Fantasie aus dem gewöhnlichen Vorstellungsleben des Kindes entwickelt. Auch ein sonst so lebendiger Beobachter und Interpret wie *Stern* kommt über dieses Vorurteil nicht hinaus. Er sagt: «Die konkrete Bildhaftigkeit der Fantasievorstellung ist aber nicht die direkte Wirkung oder Nachwirkung äußerer Eindrücke, sondern ein Ergebnis innerer Verarbeitung … Die Vorstellung wird als Eigenschöpfung selbstständig erlebt und genossen.»

Mit dieser Interpretation aber gelangt man nicht zum wirklichen Anschauen derjenigen Kräfte, die der Fantasie zugrunde liegen. Denn die Fantasie ergreift jede Art von Material, um sich an ihm zu betätigen; das sind Bewegungen ebenso wie Vorstellungen. Und jedwedes dieser Materialien ist eben nur der plastische Stoff, welchen die Fantasie benützt. Ob das kleine Kind einen Stock ergreift und daraus rasch hintereinander ein Pferd, einen Hut, einen Pfeil und dann eine Puppe macht, hat mit dem Stock selbst nicht viel zu tun. Und ob es dann eine Vorstellung nimmt und anhand dieser selber ein Soldat, ein Vater, ein Schaffner wird, hat auch mit der Vorstellung nicht viel gemeinsam. Die Fantasie ergreift alles, dessen sie habhaft werden kann.

Erst wenn die innige Verflechtung zwischen Spiel und Fantasie erkannt wird, kann der letzteren Genüge geschehen. Denn Fantasie ohne Spiel und Spiel ohne Fantasie sind ja kaum denkbar. Auch wenn das Kind, am Abend zu Bett gebracht, zu fabulieren beginnt, dann ist es ein Spiel, und zwar ein phantastisches Spiel mit seinen Erinnerungsvorstellungen.

Hier ergeben sich zwei Gegensatzpaare, die sehr zu beachten sind: Gleichwie die Fantasie an das Spielen gebunden ist, so wirkt das Gedächtnis im engen Verein mit dem Sprechen. Die Erinnerungsfähigkeit ist auf intimste Art mit der Nennfähigkeit verknüpft; denn erst das Zu-Nennende wird richtig erinnert, und am Namen hinwiederum entfaltet sich das Gedächtnisbild. Das Spiel aber belebt die Fantasie, und umgekehrt wirkt diese entzündend und vermannigfaltigend auf das Spiel zurück.

Wenn *Stern* sagt: «Einer Schöpfung aus dem Nichts ist die Fantasie niemals fähig: ihre Elemente müssen vielmehr stets in wirklichen Erlebnissen ihre Grundlage haben», dann ist darauf zu erwidern, dass es gerade umgekehrt zu sein scheint. Denn erst die wirklichen Erlebnisse fließen aus dem Quell der kindlichen Fantasie. Das Kind kann ja die Umwelt nur als Deutung seiner Fantasie erfassen, und damit erst gewinnt das Sein die notwendige Bedeutung und wird zum Erlebnis. Die Fantasie aber ist die kontinuierliche Freude, die das Kind im Erwachen an der Erdenwelt erlebt. Seine Hinneigung zu allen Dingen und Wesen, sein freudiger Drang, alles in sich aufzunehmen, es miteinander zu verknüpfen, zu vermischen, zu steigern, das ist die Fantasie, und deren gemäßer Ausdruck ist das Spiel.

Das Gedächtnis hingegen ist das Resultat des schmerzlichen Zusammenstoßes mit der Welt. Das Erleben der Umwelt als ein Fremdes, Verschleiertes und Undurchdringliches, das gibt dem Kind die Kraft des Gedächtnisses. Denn im Gedächtnis kann es die Welt verabstrahieren, ähnlich wie das in der Wortbildung geschieht. Dabei wird die Welt wohl Besitz, aber ein schmerzlicher und abstrakter Besitz.

Wer ein Füllen auf der Wiese springen sieht, der kann unmittelbar das fantasievolle Spiel dieses Tieres erleben: Es gefällt sich an der Freude seiner

Existenz, an der Lust des «Ein-Teil-Seins» der Welt. Seine Fantasiekräfte lassen es hüpfen und galoppieren, wiehern und schütteln, und was hier im Tier für eine kurze Zeitspanne so entzückend sich offenbart, wird beim Kind über viele Jahre hin und in vielfältigster Art ansichtig. Die kontinuierliche Freude am Dasein und das immer neue Sichverbinden mit der Umwelt, diese aufgehende und alles umschließende Sympathie ist der Ursprung aller Fantasie.

Wie alles Spiel, so hat auch die Fantasie in der Motorik des Kindes ihren Quellort. Aus der Bewegung und Beweglichkeit, aus dem unentwegten Bedürfnis nach aktiver Tätigkeit nimmt das kleine Kind seine Fantasie. Wenn es die Arme bewegt, dann wird jede Bewegung zu einem dazugehörigen Bild; wenn es läuft oder hüpft, springt oder klettert, dann ist unmittelbar und wie selbstverständlich jede dieser Bewegungsformen in eine Geschichte eingebettet, die oft nur in Stücken und Fetzen beginnt oder aufhört; beginnt, ohne zu enden, und endet, ohne begonnen zu haben. Aber das ist gerade die Faszination aller Spiele, dass sie nie beginnen und nie enden und dennoch passieren.

Erst später, wenn Bewegung ohne ein dahinterliegendes Bild sich vollzieht, wenn die Bewegung um der Bewegung willen getan wird, wenn sie Zweck geworden ist, entsteht die Abstraktion des Sports.

Wenn gegen das Ende des zweiten Jahres die Motorik sich befreit hat, beginnt auch die Fantasie zu entstehen und bildet sich mehr und mehr im Laufe des dritten Lebensjahres aus. Von da an bleibt sie fast durch die ganze Kindheit erhalten und wird erst in der Vorpubertät durch das vorstellende Denken und die immer stärker sich vordrängenden Erinnerungen in das Unterbewusste zurückgeschoben.

Einer der ersten Denker, der der Fantasie gerecht wurde, war *Feuchtersleben.* Er widmete ihr ein ganzes Kapitel in *Zur Diätetik der Seele* und sagte von ihr: «Die Fantasie ist die Ernährerin, die Bewegerin aller vereinzelten Glieder des geistigen Organismus. Ohne sie stagnieren alle Vorstellungen, und wenn deren Fülle noch so groß wäre; die Begriffe bleiben starr und tot, die Empfindungen roh und sinnlich ... Man kann sagen, sie ist in uns, ehe wir noch selbst sind, und wenn wir es kaum mehr sind.» Damit ist auf die so umfassende Kraft der Fantasie hingewiesen, die jenseits der Kindheit nur mehr dann in das Vorfeld der Seele tritt, wenn diese dem wachen Bewusstsein sich entzieht und im Traum oder in einer narkotischen Verwirrung des Gedächtnisses und des Denkens befangen ist.

So ergibt sich uns das dritte Lebensjahr als eine Periode, während der das Kind eine dreifältige Errungenschaft macht. Mit den Kräften seines Hauptes gelangt es allmählich in den Besitz der Erinnerung in der Form von Vorstellungen. Mit seiner mittleren Organisation gewinnt es die sich verlebendigende Sprache und kann Sätze bilden und dadurch anfangen, richtige Gespräche zu führen; das Reden wird erworben. Letztlich aber kommt im Kind die Fantasie zur vollen Blüte und gebiert sich aus dem Gliedmaßensystem. Diese dreifache Erwerbung ist die notwendige Vorstufe dafür, dass nun die eigentliche Denktätigkeit sich in allerzartester Form anzudeuten beginnt. Im Seelenraum von Erinnern, Sprechen und Fantasie erwächst das höchste Geschenk, das dem werdenden Menschen gegeben wird: sein Erkennen. In diesem Erwachensprozess des Denkens wird er sich seiner selbst bewusst, und deshalb bildet sich auch zur gleichen Zeit das Wörtchen «ich» als Selbstbezeichnung aus. «Ich denke» wird nunmehr zu einem noch seltenen, aber dennoch wiederkehrenden Erlebnis.

Die frühesten Denkleistungen des Kindes

Elsa Köhler beschreibt Annchens erste Denkversuche im Alter von zwei Jahren und sechs Monaten in der folgenden Art: «Wenn A. etwas nicht ganz versteht und nachdenkt, stellt sie sich ruhig hin und legt die Hände auf den Rücken; die Augen werden groß und sind in die Ferne gerichtet, der Mund zieht sich ein wenig zusammen, das Kind schweigt; oft tritt nach dieser Anstrengung eine leichte Ermüdung ein; der Ausdruck verliert sich; die Natur sorgt für Entspannung.»[40] Hier offenbart sich das erwachende Denken in seiner äußeren Geste. Das Kind zieht sich aus der Welt der Sinneseindrücke zurück; es unterbricht auch seinen sonst so vorherrschenden Bewegungstrieb und nimmt eine Haltung ein, die der des Lauschens verwandt ist. Es beginnt auf seine erwachenden Gedanken zu hören.

Diese ersten, leise erklingenden Gedanken enthalten das erste Aufdämmern eines Verständnisses dafür, dass die Welt der Dinge und Wesen durch geheimnisvolle Verwandtschaften miteinander verbunden sind; dass dort und hier, an verschiedenem Ort, z. B. ein Gleiches sich begeben und dass morgen und heute Ähnliches sich vollziehen kann; auch dass bestimmte Dinge ihnen gemäße Verrichtungen erfüllen und dass jeder Mensch in ähnlichen Beziehungen mit anderen Menschen steht.

So hatte Annchen z. B. im Laufe des zweiten Jahres gelernt, ihren Vater mit Papa zu bezeichnen und jeden anderen Mann mit Onkel. Vorher waren alle Männer ein Papa, ihr Papa. Als sie aber am Ende des dritten Jahres auf der Straße einen Hund sieht, den ein junger Mann an der Leine führt, sagt sie: «Schau, der Hund geht mit seinem Papa spazieren.» Nun hat sie die Beziehung Kind – Vater erfasst, und das zeigt sich bald darauf dadurch, dass sie einen Onkel, mit dessen Sohn sie spielt, den «anderen Papa» nennt.

Etwa zur gleichen Zeit spielt Annchen ein Fragespiel mit ihrem Vater; auf die Frage «Wer macht das Kleidchen?» antwortet er: «Die Schneiderin.» Dann perseveriert Annchen und fragt: «Wer macht das Schürzchen?» Und im gleichen Augenblick erinnert sie sich, dass das eben getragene Schürzchen von ihrer Mutter genäht wurde. Der Vater, der davon nichts weiß, antwortet: «Die Schneiderin.» Da fällt Annchen ein und sagt: «Nein, die Mama! Die Mama ist eine Schneiderin.» Damit aber hat das Kind eine Tätigkeit entdeckt, die nicht nur der Schneiderin, sondern auch der Mama eigen ist; die Identifikation einer

Tätigkeit hat sich ergeben, und die Welt ist um eine neue Beziehung reicher geworden.

Solche Identifikationen setzen im Laufe des dritten Jahres ein und sind zunächst noch sehr einfach, um später immer komplizierter und vielfältiger zu werden. Das gleiche Annchen erhielt mit zwei Jahren und fünf Monaten ein kleines Püppchen geschenkt, das den Namen Toti bekommt. Eines Tages zeichnet ihr die Tante das Bild von Toti auf ein Blatt Papier auf. Und nun wird das Kind ganz erregt, weil es die Identität erkennt und dennoch empfindet, dass die Zeichnung ein anderes ist als der Gegenstand selbst. Als sie dann Toti gefunden hat und herzubringt, kann sie auf die Frage nach der Bedeutung der Zeichnung ausrufen: «Ein Püppchen!! … so wie das!!» Im Moment, wo das begriffen ist, löst sich die Spannung. Gegenstand und Abbild sind erkannt!

Anhand der Sprache findet das Kind einen ersten Zugang zu einer anderen Denkleistung, die neben der Identifikation von größter Wichtigkeit ist: Die Beziehung zwischen «wenn … dann», die sich auch durch «weil» oder «denn» ausdrücken lässt; dass also eine Sache sich begibt, wenn oder weil ein anderes Ding sich vollzieht. Hier hilft die erste, wenn auch primitive Bildung von Nebensätzen dem Kind ein großes Stück vorwärts. *William Stern* nennt das die vierte Sprachepoche und sagt darüber: «Ähnlich wie die Flexion ist auch die Hypotaxe (Unterordnung eines Satzes unter einen anderen) eine Erscheinung, die manchen Vollsprachen überhaupt fehlt; diese können Abhängigkeitsbeziehungen der Gedanken nur durch Nebeneinanderstellung von Sätzen ausdrücken. Das Kind des europäischen Kulturgebietes überwindet diesen Standpunkt ungefähr mit zweieinhalb Jahren und beweist damit, dass ihm nun nicht nur die logische Beziehung der Gedanken, sondern auch ihr Wertverhältnis in Über- und Unterordnung aufgegangen ist.»[41]

Die kleine Hilde Stern kann am Ende des dritten Jahres schon die folgenden Satzformulierungen zustande bringen: «Das bewegt sich heut so, weil's kaputt ist»; «kriegst keine Schnitte, wenn du so unartig bist», «musst die Betten wegnehmen, dass ich rausgehen kann»; «Puppe hat mich gestört, dass ich nicht schlafen konnte.» Damit aber sind schon eine Unmenge von Beziehungen zwischen räumlichen, zeitlichen, kausalen und wesenhaften Zusammenhängen erfasst. Was am Beginn des dritten Jahres noch im Dämmerdunkel lag und erst durch einzelne Lichtpunkte sich zu erhellen begann, ist nunmehr in ein klares Licht getaucht; es ist ansichtig geworden, dass die Dinge der Welt in vielfältiger Beziehung miteinander verbunden sind. Die Kategorien des *Aristoteles* offenbaren sich dem Kind als Grundlage seiner Denkleistungen.

Es ist wirklich so, als würde im dritten Lebensjahr die Sonne des Denkens über dem Horizont erscheinen und die Beziehungen, die zwischen allem Erfahrenen sich bilden, hell beleuchten. Das Kind tritt in den erwachenden Tag seines werdenden Lebens ein.

Nicht nur Gegenstände, sondern auch Tätigkeiten und Eigenschaften werden in diese Beziehungen mit einbezogen. So erfasst Annchen, die ein Stadtkind ist und nun vor einem Geschäft Büchsenerbsen erblickt, den Zusammenhang: «Erbschen wachsen in Büchsen, und Bohnen wachsen im Glas!» Denn die letzteren hat sie zu Hause im Glas aufbewahrt gesehen. Und wo sonst sollten sie wachsen? Vier Wochen später (mit zwei Jahren und sieben Monaten) werden ihr Blumen auf einer Wiese aufgezeichnet, und dann sagt sie: «Blümchen auf der Wiese … gewachsen da.»

Und *Elsa Köhler*, unter der Fülle ihrer Eindrücke, die sie an der Beobachtung von Annchen gewinnt, schreibt nun: «Mit der Sammlung von Begriffen, ja sogar mitten in der Sammlungsarbeit selbst, wächst das, was von nun ab die geistige Entwicklung eigengesetzlich von innen her bestimmen muß: das produktive Denken. Fäden spinnen sich kreuz und quer, es wird aufeinander bezogen, es wird geschlichtet, gesondert, ausgeschieden, wo es nötig ist. Urteile liegen völlig greifbar auf der Hand – auch dort, wo die sprachliche Formulierung noch nicht mitkommt.»[42]

Nun überflügelt sogar das Denken die Sprache; es läuft ihr voraus, und die sprachlichen Formulierungen selbst kommen schon teilweise unter die Macht der eignen Gedanken. Jetzt ist es nicht mehr die Sprache allein, die sich ausspricht, sondern das Denkerleben des Kindes beginnt, sich der Sprache zu bedienen. Bewegen und Sprechen, die bisher recht selbstherrlich ihren Eigengesetzen gefolgt sind, treten nun unter die Herrschaft des Überlegens und Urteilens. Der Gedanke wird schrittweise zum König der Seele, und deren Funktionen beugen sich unter seiner lichtvollen Hoheit.

Das ist auch der tiefgreifende Unterschied, der zwischen dem Gehen und Sprechen einerseits und dem Denken anderseits besteht. Denn Gehen und Sprechen werden gelernt; sie entfalten sich Schritt für Schritt und geben dem Kind die Sicherheit des Bewegens im Raum und des Sichverhaltens in der Welt der Dinge und Wesen; das Gehen ermöglicht ihm die Raumbeherrschung, das Sprechen aber den Besitz der benannten Umwelt. Das Denken hingegen, als Kraft der Seele, bedient sich keines offenbaren körperlichen Werkzeugs. Es benutzt nicht die Gliedmaßen, noch verwendet es die Sprachorgane; es erscheint wie ein Licht, das, obwohl es vorher noch nicht sichtbar war, dennoch vorhanden gewesen sein muss. Wollten wir annehmen, dass es in jedem Kind neu erzeugt wird, wir würden denen gleichen, die meinen, dass an jedem Morgen die Sonne ein neu entstehendes Gestirn ist.

Die Erweckung des Ichs

Das Denken erfüllt das Wesen des Kindes von Anfang an. Es ist vorhanden und wirksam, aber es hat noch keine Möglichkeit, sich zu zeigen. Es sitzt in der Ferne der kindlichen Existenz, die in den ersten beiden Lebensjahren mit der Nähe des Leibes, seinen Sinneserfahrungen, seinen Empfindungen und Gefühlen beschäftigt ist. Aus dieser Vielfalt erster Erlebnisse entsteht eine Dornenhecke, hinter welcher das Denken in der Burg des Hauptes noch schläft. Nur manchmal, auch im allerfrühesten Säuglingsalter, kann es erwachen und dann, obwohl es sich nicht äußert, dennoch fast greifbar erscheinen. Das geschieht, wenn das träumend-schlafende Dasein der ersten Kindheit durch schmerzliche Krankheit unterbrochen wird. Dann erwachen die Augen des Säuglings und werden die tiefernsten Künder seiner Individualität. Ich habe das selbst öfters sehr eindringlich beobachten können. Eine Mutter, deren Kind im Alter von sechs Monaten operiert wurde, beschrieb es mir einmal so, dass sie sagte: «Sie ist sehr ruhig und friedlich, immer noch ernst, jedoch eigentlich ihrem Alter enthoben, nur ganz Mensch. Der Säugling ist fast in den Hintergrund getreten. Mit Achtung nur und Liebe muß man dem zuschauen.» Ist diese Krankheitszeit vorbei, tritt das Kleinkind wieder hervor, und das Denken zieht sich zurück; bis es dann, im Laufe des dritten Jahres, erscheint und mit Hilfe der Sprache, der Erinnerung und der Fantasie seine Tätigkeiten zu vollziehen beginnt.

Gleich dem schlafenden Dornröschen wird es dann von seinem Prinzen wachgeküsst. Das ist ein Vorgang, der sich in jedem Kind während des dritten Jahres vollzieht und der zu den allergeheimnisvollsten Ereignissen im Reich der Menschenseele gehört. Die Individualität des werdenden Kindes durchbricht die Dornenhecke der Tageserlebnisse und erweckt das schlummernde Denken. In dem Augenblick, da beide einander erblicken und Aug' in Auge voreinander verweilen, erwacht zum ersten Mal das Bewusstsein vom eigenen Ich. Dieser besondere Moment, dessen mancher Erwachsene sich noch erinnert, ist ein Wendepunkt im menschlichen Leben. Denn von diesem Augenblick an besteht ein geschlossener Gedächtnisfaden, der die Kontinuität des Ich-Bewusstseins vermittelt. Wenn auch vieles in späteren Jahren davon vergessen ist, so bleibt das dumpfe Empfinden der Einheit der eigenen Person bis zu diesem Augenblick zurück bestehen. Dahinter aber liegt die frühe Kindheit in Dunkel gehüllt.

Der Verleger und Schriftsteller *Karl Rauch* schildert diesen besonderen Moment in bestechender Art in seiner Autobiografie: «Deutlich habe ich als sehr frühes Erinnerungsbild noch in mir einen Frühlingstag; ich mag damals drei Jahre alt gewesen sein – ein Kind unter Kindern. Die Sonne schien, es war am späten Vormittag. Vettern und Kusinen waren bei uns zu Besuch. Es wird einer der vielen Kindergeburtstage der Familie gewesen sein. Wir tollten zwischen den Beeten und rannten dann über eine breite Fläche, die des Umgrabens für die neue Bepflanzung harrte, quer durch den Garten auf jenen Graben zu, dessen Gräser und Kräuter das erste Grün aufsprießen ließen, während dazwischen das Braunrosa des frühen Pestwurz wucherte. Ich weiß noch genau, wie ich da rannte, sehe noch deutlich die um ein Jahr ältere Schwester als erste des ganzen Kinderhaufens vor mir her rennen, mir stürmend voraus sein – und empfinde ganz wach im Bewusstsein beim heutigen Zurückblicken, wie ich plötzlich im Laufen einhalte, mich umschaue, erkenne wieder mit einigem Abstand hinter mir das reichliche Dutzend der anderen Kinder, alle rennend und laufend – und eben wie ich mich wieder nach vorwärts kehre, in der Richtung auf die Schwester und auf den Graben hin, da überfällt es mich: das erste durchbrechende und geistklare Bewusstsein meiner selbst mit dem aufblitzenden Gedanken: ‹Ich bin Ich, Ich – dort vorn die Schwester, da hinten die anderen – hier Ich selbst, Ich.› Und dann weiter im Lauf und die Schwester erreicht, im Laufen rasch am Arm gepackt – überholt – und gleich darauf wieder untergegangen, aufgegangen im Trubel der Schar und im Spiel …»[43]

Ganz unmittelbar, plötzlich und unvorhergesehen,

mitten im wilden Spiel, trifft dieser Erkenntnisblitz die kindliche Seele, und von nun an ist das Bewusstsein der eigenen Persönlichkeit vorhanden.

Moriz Carrière schildert das gleiche Ereignis in folgender Art: «Dass ich mich als Ich von der Welt unterschied, die Außendinge mir gegenüberstellte und mich als Selbst erfaßte, das erfolgte später (nach dem zweiten Jahr); ich stand im Hof auf der Straße, ich könnte den Platz heute noch zeigen, ich war etwas verwundert bei dem Ereignis oder lieber bei der Tat.»[44]

Und *Jean Paul* hat wohl am schönsten diesen Augenblick dargestellt. Er schreibt: «Nie vergaß ich die noch keinem Menschen erzählte Erscheinung in mir, wo ich bei der Geburt meines Selbstbewusstseins stand, von der ich Ort und Zeit anzugeben weiß. An einem Vormittage stand ich als ein sehr junges Kind unter der Haustür und sah links nach der Holzlege, als auf einmal das innere Gesicht: ‹ich bin ein Ich› wie ein Blitzstrahl vom Himmel vor mich fuhr und seitdem leuchtend stehenblieb: da hatte mein Ich zum ersten Male sich selber gesehen und auf ewig. Täuschungen des Erinnerns sind hier schwerlich denkbar, da kein fremdes Erzählen sich in eine bloß im verhangenen Allerheiligsten des Menschen vorgefallene Begebenheit, deren Neuheit allein so alltäglichen Nebenumständen das Bleiben gegeben, mit Zusätzen mengen konnte.»

Der Dichter erfasst in voller Einsicht dieses Geschehen, das sich im «verhangenen Allerheiligsten des Menschen» vollzieht, dort, wo die Braut der Erkenntnis vom Königssohn der Individualität erweckt wird. Von diesem Augenblick an sind beide geschwisterlich vereint und werden es bis an den Tod bleiben.

Hier, am erwachenden Denken, wird etwas fassbar, was für das Gehen und Sprechen nicht ganz so ansichtig ist: dass alle drei Fähigkeiten sich aus vorirdischen Tätigkeiten herausmetamorphosiert haben, um im irdischen Gewand im Kind zu erscheinen. Darüber hat *Rudolf Steiner* sehr konkrete Angaben gemacht. Durch die Embryonalzeit hindurch geschieht die Verpuppung dieser drei hohen menschlichen Fähigkeiten, aus der sie dann nach der Geburt sich Schritt für Schritt enthüllen. Denn vor der Empfängnis, in der vorgeburtlichen Zeit des Lebens, waren Gehen, Sprechen und Denken drei spirituelle Fertigkeiten, die dem Menschen in seiner geistigen Existenz gegeben waren.

Das schlafende Denken erwacht am Ruf der sich selbst findenden Persönlichkeit. Wer diesen Augenblick erinnert, der sieht in allem Detail die damals waltenden Umstände. Bis in die Einzelheiten hinein wird deshalb alles erinnert, denn der Eindruck ist so stark und nachhaltig, dass nichts mehr davon vergessen werden kann.

Von jetzt an wird auch das Kind mit vollem Bewußtsein von sich als «ich» sprechen, da es empfindet, dass dieses Wort nicht mehr ein Name ist, sondern der «Name der Namen». Alles, was einen Namen hat, hat auch irgendwo ein Ich. Der Mensch aber kann das wissen und dieses Wissen zum Ausdruck bringen; er benennt sich dann selbst, aber nicht mehr als Ding oder Wesen, sondern als jenes Innerste alles Wesens und Seins, das er im erwachenden Denken als «Ich» begreifen gelernt hat.

Die erste Trotzperiode des Kindes

Gegen das Ende des dritten Jahres, wenn Gehen, Sprechen und Denken in ihren grundlegenden Strukturen erworben sind, schließt sich die erste Phase der Kindheitsentwicklung, und etwas gänzlich Neues tritt an ihre Stelle. Jetzt wächst das Kind in das erste Trotzalter hinein. *Adolf Busemann*[45] charakterisiert es mit Recht als eine Erregungsphase, denn Gefühl und Wille, gemeinsam als Affekt wirkend, treten nun in den Vordergrund und bestimmen das Verhalten des Kindes.

Nun steigert sich auch das Ichgefühl und bringt es mit sich, dass Abwehr und Ablehnung, in der Form des Trotzes, immer wieder durchbrechen. Das Kind will plötzlich nicht mehr geführt werden; es entzieht seine Hand der des Erwachsenen und stapft allein los. Es will sich allein an- und ausziehen; es lehnt oft auch das gemeinsame Spiel mit anderen Kindern ab und wird für eine Zeit ein Einzelgänger. Konflikte mit der Umwelt türmen sich auf und uneinsichtige und verständnislose Eltern und Erzieher exerzieren nun Autorität und Strafe, wo Hilfe und Vorbild, milde Führung und einsichtiges Verzeihen das einzig rechte Verhalten sind.

Elsa Köhler beschreibt es mit zutreffenden Worten aus ihrer Erfahrung an Annchen: «Das Kind ist sich selbst ein Neues. Auch das Gefühls- und Willensmäßige in ihm ist ihm neu; sein Denken hat dazu noch keine Distanz gewonnen. Es spielt sich somit in seinem Innern eine gewaltige Auseinandersetzung ab. Ist erst der Durchbruch des Gefühls und Willens vorüber, ist an die Stelle des fast undifferenziert

Affektiv-Volitionalen der Frühkindheit das höher entwickelte Fühlen und Wollen getreten, dann kann auch das Denken sich wieder aus seiner Gebundenheit befreien. Hat es im früheren Stadium die Objektivierung der Welt angebahnt, so setzt es diese Objektivierung nun fort, indem es das ‹Ich› als vollauf erkanntes, mit eigenem Fühlen und Wollen begabtes ‹Etwas› – wir nennen es ‹Person› – der Welt entgegensetzt. Die Verfasserin glaubt nicht fehlzugehen, wenn sie gerade diese Krisenzeit als Geburtsstunde des höheren ‹Ich› annimmt.»[46]

So berechtigt alle Beschreibung hier ist, so unberechtigt jedoch erscheint die Schlussfolgerung am Ende dieser Ausführungen zu sein. Diese Krisenzeit, von der hier gesprochen wird, ist die Folge der Ich-Geburt und nicht deren Ort. Im erwachenden Denken wurde das Ich geboren, und das Resultat dieses Geschehens ist das Trotzalter, das nun folgt. Auch handelt es sich nicht um die Geburts-, sondern um die Todesstunde des höheren Ichs; was jetzt zutage tritt, ist das niedere Ich, das den Menschen sein ganzes Erdenleben hindurch begleiten wird.

Rudolf Steiner hat auf diesen Zeitpunkt hingewiesen und ihn geisteswissenschaftlich charakterisiert. Er sagt: «Für den Hellseher, der eine geistige

Entwickelung durchgemacht hat, so dass er die wirklichen geistigen Vorgänge verfolgen kann, zeigt sich an dem Zeitpunkt, in welchem der Mensch sein Ich-Bewußtsein so erlangt, dass er sich später bis zu diesem Zeitpunkt zurückerinnern kann, etwas ungeheuer Bedeutungsvolles. Während das, was wir die ‹kindliche Aura› nennen, in den ersten Lebensjahren wie eine wunderbare, menschlich-übermenschliche Macht das Kind umschwebt – so umschwebt, dass diese kindliche Aura, der eigentlich höhere Teil des Menschen, überall seine Fortsetzung in die geistige Welt hinein hat –, dringt in jenem Zeitpunkt, bis zu welchem der Mensch sich zurückerinnern kann, diese Aura mehr und mehr in das Innere des Menschen hinein. Der Mensch kann sich, bis zu diesem Zeitpunkt zurück, als zusammenhängendes Ich empfinden, weil dasjenige, was früher an die höheren Welten angeschlossen war, dann in sein Ich hineingezogen ist. Von da ab stellt das Bewußtsein überall sich selber in Verbindung zur Außenwelt.»[47]

Es wird also hier genau der spirituelle Vorgang beschrieben, der hinter den Ereignissen der Trotzperiode sich verbirgt. Die erste große Phase der Kindheit kommt zu Ende, und Wille und Trieb erwachen zur Geburt des niederen Ichs.

Man wird allmählich lernen müssen, diese erste Kindheitsphase der drei Jahre in einem neuen Licht zu sehen – nicht wie *Bühler* und seine Nachfolger, die das kleine Kind als ein mehr oder weniger tierisches Wesen betrachten, das allmählich aus dem «Schimpansenalter» herauswächst und mit dem dritten Jahr «die gesamte phylogenetische Entwicklung der Tierreihe überholt hat».

Auch *Remplein* beschreibt diese Phase so, dass er sagt: «In der ersten Phase überwogen die im Dienste der bloßen Lebenserhaltung stehenden leiblichen Triebe und Instinkte; dann aber gesellen sich der Entfaltung des leib-seelischen Organismus förderliche Antriebe hinzu … Diese Triebbestimmtheit ist das vorherrschende Kennzeichen der ganzen Stufe.»[48]

Wenn das so wäre, dann würde das Kind weder Gehen noch Sprechen und Denken erlernen. Denn diese Errungenschaften entstehen ja keineswegs aus der Triebnatur des Kleinkindes. Es gibt keine andere Periode im menschlichen Erdenleben, die so affekt- und triebfrei ist wie die der ersten drei Jahre. Das Kind ist mehr ein objektives denn ein subjektives Wesen. Obwohl es ganz in sich ruht, nur langsam Beziehungen zur Umwelt entwickelt und Schritt für Schritt zur Persönlichkeit wird, ist es noch kaum selbstbewusst, daher auch nicht selbstisch. Es ist eine in sich bestehende kleine Welt, die wohl alles von der Umwelt so erwartet, wie es ihm angenehm und genehm erscheint; aber wo besteht im kleinen Kind Forderung oder gar Selbstbestimmung? Es akzeptiert, was ihm gegeben, und verzichtet auf das, notgedrungenerweise, was ihm entzogen wird.

Rudolf Steiner beschreibt es so: «Da waren die Dinge für den Menschen so, als wenn sie wie eine Traumwelt ihn umschwebten. Aus einer Weisheit heraus, die nicht in ihm ist, arbeitet der Mensch an sich. Diese Weisheit ist mächtiger, umfassender als alle spätere bewußte Weisheit. Diese höhere Weisheit verdunkelt sich für die menschliche Seele, welche dann dafür die Bewußtheit eintauscht. Aus der geistigen Welt strömt noch etwas ein in die kindliche Aura, und der Mensch ist da unmittelbar als einzelnes Wesen unterstehend der Führung der ganzen geistigen Welt, zu welcher er gehört … Diese Kräfte sind es, die den Menschen fähig machen, sich in ein bestimmtes Verhältnis zur Schwerkraft zu bringen; sie sind es auch, die seinen Kehlkopf formen, die sein Gehirn so bilden, dass es ein lebendiges Werkzeug für Gedanken , Empfindungs- und Willensausdruck wird.»[49]

Es sind also jene Weisheitskräfte, die dem Kind die Fähigkeiten des Gehens, Sprechens und Denkens vermitteln. Im Gehen setzt es sich nicht nur mit den Schwerekräften auseinander, indem es sie überwindet, sondern durch diese Tat hebt es sich als Eigenwesen von der Welt ab, mit der es vorher noch wie eins gewesen ist. Im Sprechen erlernt das Kind nicht nur die seelische Kommunikation mit anderen Menschen, sondern es eignet sich die Dinge und Wesen in einer neuen Art so an, dass sie ihm wieder zugehören. Im Denken endlich erwirbt es noch einmal, auf höherer Stufe, was ihm im Gehenlernen gelungen ist. Es hebt sich neuerdings aus der Welt wieder heraus, nun aber gefestigter und geschlossener. Es tritt wieder gleich einem Hirten unter die Herde; diese aber besteht jetzt aus den Namen aller Dinge, die um das Kind herum ausgebreitet liegen. Es hat sie sich im Namengeben wieder erworben; nun aber darf es selbst nicht mehr Name allein bleiben. Es tritt in das innerste Wesen des Namens ein, indem es sich selbst, jenseits seines Namens, zu nennen weiß. Dieses aber heißt «Ich». Damit erkennt sich der Mensch als Teil jenes Welten-Ichs, das als Logos der Ursprung alles Werdens war.

Deshalb sagte *Rudolf Steiner* von dieser Zeit der ersten drei Jahre: «Und als ein bedeutsames Wort muss es gelten, dass die Ich-Wesenheit des Christus so zum Ausdrucke kommt: ‹Ich bin der Weg, die Wahrheit und das Leben!› Wie die höheren Geisteskräfte den Kindheitsorganismus – diesem unbewusst – so gestalten, dass er leiblich der Ausdruck wird für den Weg, die Wahrheit und das Leben, so wird der Menschengeist allmählich dadurch, dass er sich mit dem Christus durchdringt, bewusst der Träger des Weges, der Wahrheit und des Lebens.»

Die Entfaltung der drei höchsten Sinne

Über den Wort- und Denk-Sinn

Wenn mit wirklichem Mut an die Frage herangegangen wird, in welcher Art und Weise die Entfaltung des menschlichen Geistes im Verlaufe der ersten Kindheit sich vollzieht, dann schiebt sich ein besonderes Problem in den Vordergrund. Es ist eine jener großen Fragen, die immer wieder als Hürde dastehen und den Denkermut zum richtigen Sprung herausfordern.

Dieses Problem ist das ewig neu sich ereignende Wunder, das am Anfang des zweiten Lebensjahres des Kindes auftritt: Das gesprochene Wort wird nicht nur gehört, es wird auch als Zeichen erfasst und dessen Sinn verstanden. Das aber vollzieht sich lange, bevor das Kind die Kraft des Denkens entwickelt hat! Es wird also eine Verstandestätigkeit vollzogen, ehe die dazu notwendigen Fähigkeiten sich entfaltet haben. Das ist ein Wunder, das nur dem philosophisch ungeschulten Psychologen nicht als solches imponiert. Dennoch ist es eine der schwierigsten Fragen der Kinderpsychologie, wieso es denn in Wahrheit möglich ist, dass schon in zartester Kindheit die Worterfassung und das Sinnverständnis vorhanden sind.

William Stern hat in seinen grundlegenden Untersuchungen zur Sprachentwicklung des Kindes auf eine sehr wichtige Regel aufmerksam gemacht, die er in folgender Weise formuliert: «Aus den unzähligen Worten der Umgangssprache, die das Kind fortwährend um sich herum ertönen hört, trifft sein Geist eine unbewußte Auslese, indem es die weitaus meisten noch an sich abgleiten läßt und nur einige wenige sich aneignet. Und zwar ist diese Auslese eine doppelte; eine größere Anzahl von Worten überschreitet die ‹Verständnisschwelle›, eine kleinere Anzahl von diesen wird auch bereits über die ‹Sprechschwelle› gehoben. Diese Rückständigkeit des Selbersprechens gegen das Sprachverständnis ist zwar eine Eigentümlichkeit, die noch bis in spätere Jahre, ja bis in das erwachsene Alter hinein dauert; aber nirgends ist der Abstand doch so auffallend, wie in den ersten Sprechmonaten.»[50]

Damit weist *Stern* auf jene Schwelle hin, die zwischen dem Hören und dem Verstehen des gesprochenen Wortes aufgerichtet ist. Im Verlaufe des ersten Lebensjahres hört das Kind eine große Zahl von Worten und Sätzen, fasst sie aber noch nicht als selbstständige Teile auf, da sie noch ganz in die «Erlebnislandschaften», von denen im zweiten Teil dieser Schrift gesprochen wurde, eingebettet sind. Erst gegen das Ende des ersten und am Beginn des zweiten Jahres tritt das Wort als Symbol und als Bedeutung im Bewusstseinskreis des Kindes auf.

Auch diese ersten Wörter, oder besser gesagt Silbenkomplexe, sind noch nicht wirkliche Worte, die Sinn und Meinung haben, sondern sind nur Ausdruck für etwas, was das kleine Kind andeuten will. Die Silbenfolgen sind meistens noch onomatopoetische Bezeichnungen, wie «Plansch-Plansch» für baden und «Wau-Wau» für Hund, «Happen-Happen» für essen und manches andere. Das Kind verbindet erlebte Gefühlswerte damit; deutet auch wohl schon, wenn «Tick-Tack» gesagt wird, auf die Wanduhr, ohne aber wirklich erfasst zu haben, dass es den Namen des Gegenstandes nennt. Solange die Periode der Einwortsätze und damit der Silbenkomplexe andauert, also etwa bis zur Mitte des zweiten Jahres, ist ein Gesprochenes entweder nur Ausdruck oder Deutung, d. h. Hinweisung auf einen Gegenstand oder ein Geschehnis.

Trotzdem tritt hier schon etwas auf, was genau beachtet werden muss, da es eine Art von Vorstufe des richtigen Wortverständnisses ist: Das Gesprochene wird von allen anderen Formen der Klangäußerung unterschieden und als Sprache empfunden und beachtet. Klang und Laut haben sich voneinander differenziert. Das ist die erste Schwelle, die zum weiteren Verständnis der gesprochenen Worte führen wird. Die zweite Schwelle aber beginnt erst überschritten zu werden, wenn das Kind aus der Periode des Sagens in die des Nennens eintritt.

Wenn, mit achtzehn Monaten etwa, die Lust erwacht, nach den Namen der Dinge zu fragen, diese Namen dann selbst auszusprechen und anzuwenden, dann beginnt auch das Wortverständnis zu entstehen, und damit erst tritt die Sprache selbst in ihre Rechte ein.

Auf diese fundamentalen Differenzierungen haben schon *Edmund Husserl* und später *Max Scheler* hingewiesen. Besonders der Letztere hat sich sehr um eine Klarstellung dieser Bezüge bemüht. Er schreibt zum Beispiel: «Aber zwischen Ausdruck und Sprache zeigt der phänomenologische Befund eine absolute Kluft ... Schon die Gegebenheit eines Ton-, Klang- oder Geräuschkomplexes als ‹Laut› – und sei es nur ‹ein Laut› da draußen im Gange, ‹ein Laut› im Walde, fordert, dass ich in diesem Komplexe etwas über den sinnlichen Inhalt hinaus ‹wahrnehme›, das sich in ihm ‹äußert›, das sich in ihm ‹verlautbart›. Ein ‹Laut› ist also schon etwas ganz anderes als ein Ton, Klang, Geräusch oder eine bloße sogenannte Assoziation eines solchen Komplexes mit einem vorgestellten Gegenstand. Aber der ‹Laut› verharrt noch in der Sphäre bloßen Ausdrucks ... Eine Welt aber trennt auch das primitivste Wort vom Ausdruck. Das völlig Neue, das im Worte erscheint, ist die Tatsache, dass es nicht wie der Ausdruck bloß auf ein Erlebnis zurückverweist, sondern an erster Stelle – also in seiner Primärfunktion – hinausverweist auf einen Gegenstand in der Welt. Das Wort ‹meint› etwas, was weder mit seinem Lautleib noch mit seinem Gefühls-, Gedanken- oder Vorstellungserlebnis, das es außerdem noch ausdrücken mag, irgendetwas zu tun hat ... Das Wort gibt sich uns als die Erfüllung eines Verlangens des Gegenstandes selbst. Es gibt sich im Verstehen als ein einfaches, nicht zusammengesetztes Ganzes, an dem erst die etwa darauf folgende Analyse (des Philologen oder des Psychologen, jedenfalls aber ein Akt der Reflexion) die lautliche und die sinnhafte Seite unterscheidet (den ‹Wort-Leib› und den ‹Wort-Sinn›).»[51]

Ich zitiere *Schelers* Auseinandersetzungen so ausführlich, weil sie grundlegende Hinweise auf eine Unterscheidung und Sonderung sind, auf die auch *Rudolf Steiner* immer wieder hinwies und die in der Zukunft für ein Erfassen des Menschenwesens von fundamentaler Bedeutung sein werden. Es ist bezeichnend, dass *Scheler* die Abhandlung über *Die Idee des Menschen* wählt, in welcher er sich mit dem Problem des Verstehens und Sprechens in dieser Art auseinandersetzt.

Später einmal hat *Ludwig Binswanger* versucht, diesen Fragen vom Standpunkt des Neurologen und Psychiaters näherzukommen. Die Abhandlung *Zum Problem von Sprache und Denken* leitet er mit den folgenden Sätzen ein: «Dem Problem von Sprache und Denken liegt vom einfachen, sinnvoll ausgesprochenen oder hingeschriebenen Wort bis zur eigentlichen Rede ein einheitliches Phänomen zugrunde, das wir mit *Husserl* als den sinnbelebten oder sinnvollen Ausdruck bezeichnen wollen. Analysieren wir dieses Phänomen, ein Geschäft, das in erster Linie der Phänomenologie obliegt, so können wir daran unterscheiden, erstens die artikulierte Komplexion lautlicher oder schriftlicher, immer also physischer Zeichen, zweitens die psychischen Erlebnisse, in denen der Mensch diesen Zeichen Sinn oder Bedeutung verleiht, also die sinnverleihenden intentionalen Akte, und drittens den idealen logischen Sinn, oder die Bedeutung selbst, mittels derer der Ausdruck auf ein Gegenständliches hinweist oder es ‹meint›.»[52]

Obwohl manches an dieser Formulierung nicht korrekt und zu allgemein ist, bringt doch der Hinweis auf die drei Gebiete, das Physische, Psychische und Logische, sehr klar zum Ausdruck, dass die Sprache nur aus einer Einheit, welche die Synthese leiblicher, seelischer und geistiger Bezüge ist, verstanden werden darf. Daraus aber ergibt es sich, dass das Erfassen und Begreifen des Gesprochenen gleichfalls ein dreifaches zu sein hat. Ob ich Geschriebenes lese oder Gesprochenes höre oder ob ich Gesten und Gebärden auffasse, immer handelt es sich dabei nicht allein um einen leiblich-seelischen Akt. Wäre er nur das, dann könnte niemals ein Sprachverständnis zustande kommen.

Das schon erwähnte Wunder, dass im kleinen Kind ein erstes Verstehen des gehörten Wortes zu dämmern beginnt, setzt voraus, dass gerade der geistige Teil des kindhaften Menschenwesens am Auffassungsprozess beteiligt ist und dass schon im zartesten Alter eine Verständnisschwelle überschritten wird, die aus einem Lautgebilde ein wirkliches Wort entstehen lässt.

Denn wie sollte es möglich sein, dass das kleine Kind, scheinbar ohne die geringsten Schwierigkeiten, das Wort als Lautgeste zu verstehen beginnt und den darin verborgenen Sinn unmittelbar begreift? Solchem Geschehen liegt ein geistiger Akt zugrunde, auf den *Scheler* und *Husserl* hinzuweisen versucht haben, den sie aber trotz schärfster Beobachtung der vorliegenden Phänomene doch nicht zu enträtseln vermochten. Erst *Rudolf Steiner* ist es gelungen, durch die Grundlegung einer neuen Lehre von den Sinnen eine umfassende Antwort auf dieses Problem zu geben.

Schon seit 1909 hatte er darzustellen versucht, dass das Verstehen eines gesprochenen Wortes nicht unter die Erkenntnisakte, sondern unter die Sinnestätigkeiten zu rechnen sei; ja, dass das Hören des gesprochenen Wortes selbst mehr ist als ein bloßes Hören und dass dieser Fähigkeit auch ein eigener Sinn zugrunde liegt. Er nennt den letzteren Sprach- oder Wort-Sinn und den ersteren Begriff- oder Denk-Sinn. In den ersten Darlegungen zur Sinneslehre heißt es: «Und so kommen wir zum nächsten Sinn. Wir finden ihn, wenn wir uns überlegen, dass es im Menschen eine Wahrnehmungsfähigkeit gibt, die nicht auf Urteilen beruht, aber doch in ihm vorhanden ist. Das ist dasjenige, was wir wahrnehmen, wenn wir uns durch die Sprache mit unseren Mitmenschen verständigen. Dem Wahrnehmen dessen, was uns durch die Sprache vermittelt wird, liegt ein wirklicher Sinn zugrunde: Der Sprach-Sinn. Das Kind lernt, ehe es urteilen lernt, die Sprache.»[53]

Und weiter heißt es: «Durch den Begriffsinn wird der Mensch fähig, den Begriff (der sich in Sprachlaute kleidet) zu verstehen. Damit wir urteilen können, müssen wir Begriffe haben. Soll die Seele sich regen, muß sie Begriffe erst wahrnehmen können. Dies vermag sie durch den Begriffsinn.»

Es handelt sich hier also um einen fundamental neuen Gedanken, der unsere bisher bestehenden Ansichten über die Entfaltung des menschlichen Geistes in völlig ungewohnte Bahnen verweist. Damit werden aber nicht nur eine große Menge bestehender Probleme gelöst werden können,[54] sondern gleichzeitig tauchen gänzlich neue Fragen auf, die bisher noch kaum in das Licht der Beachtung und Gewahrwerdung getreten sind.

In dem Buch *Von Seelenrätseln*[55] setzt sich *Rudolf Steiner* mit *Franz Brentanos* Psychologie sehr eingehend auseinander und fügt dann ein spezielles Kapitel hinzu, das den Titel hat: «Über die wirkliche Grundlage der intentionalen Beziehung». In diesem entwickelt er dann wichtigste Aspekte seiner Sinneslehre und schreibt den folgenden, für unsere Überlegungen hier besonders bedeutsamen Abschnitt: «Man glaubt z. B., man käme damit aus, wenn man die Worte eines anderen hört, nur insofern von ‹Sinn› zu sprechen, dass als solcher nur das ‹Gehör› in Frage kommt und alles andere einer nicht-sinnlichen inneren Tätigkeit zuzuschreiben sei. So liegt aber die Sache nicht. Beim Hören menschlicher Worte und deren Verstehen als Gedanken kommt eine dreifache Tätigkeit in Betracht. Und jedes Glied dieser dreifachen Tätigkeit muß für sich betrachtet werden, wenn eine berechtigte wissenschaftliche Auffassung zustande kommen soll. Das ‹Hören› ist eine Tätigkeit. Allein das ‹Hören› ist für sich ebenso wenig ein ‹Vernehmen von Worten› wie das ‹Tasten› ein ‹Sehen› ist. Und wie man sachgemäß unterscheiden muss zwischen dem Sinn des ‹Tastens› und demjenigen des ‹Sehens›, so zwischen dem des ‹Hörens› und dem des ‹Vernehmens von Worten› und dem weiteren des ‹Erfassens von Gedanken›. Es führt zu einer mangelhaften Psychologie und auch zu einer mangelhaften Erkenntnistheorie, wenn man das ‹Erfassen von Gedanken› nicht scharf von der Denktätigkeit absondert und den sinngemäßen Charakter des ersteren erkennt. Man begeht diesen Fehler nur deshalb, weil das Organ des ‹Vernehmens von Worten› und dasjenige des ‹Erfassens von Gedanken› nicht so äußerlich wahrnehmbar sind als das Ohr für das ‹Hören›. In Wirklichkeit sind für die beiden Wahrnehmungstätigkeiten ebenso ‹Organe› vorhanden wie für das ‹Hören› das Ohr.»

In dieser Darstellung *Rudolf Steiners* wird erst dasjenige ins rechte Licht gerückt, was wir oben anhand einer Ausführung *Binswangers* dargestellt haben. Denn was dort als physisches Zeichen, als psychisches Erlebnis und als logischer Sinn sich zeigt, ist im Grunde eine Sinneserfahrung, die sich in drei differenzierten Sinnesgebieten vollzieht. Das physische Zeichen vermittelt das Ohr (als gehörtes) oder das Auge (als gelesenes Wort). Das psychische Erlebnis ist das «Vernehmen des Wortes» und der logische Sinn das «Erfassen des Gedankens». Damit aber wird ansichtig, welche Herausforderung *Rudolf Steiners* Formulierungen an die Psychologie und Philosophie sind. Sie bedeuten einen völlig neuen Abschnitt in der Geschichte der Sprachphilosophie und Sprachpsychologie, und eine große Anzahl kritischer

Untersuchungen werden notwendig sein, um diesem gewaltigen Anstoß gerecht zu werden.

Vor allem aber wird die Sinnesphysiologie sich neu zu orientieren haben und die Anschauungen über die geistige Entfaltung des Kindes völlig umgestalten. Ein allererster Versuch in dieser Richtung ist mit den folgenden Ausführungen gemeint.

Die schrittweise Ausbildung des Wort-Sinnes oder: Das Erwachen des Wort-Sinnes beim Kind

Es kann kaum ein Zweifel darüber bestehen, dass die Entfaltung des Wort-Sinns (Vernehmen des gesprochenen Wortes) sowohl als des Denk-Sinns (Verstehen von Begriffen) bei einer einigermaßen normal verlaufenden Entwicklung schon während der ersten beiden Lebensjahre sich vollzieht. Denn bereits am Ende des ersten Jahres beginnt das Kind, mit Verständnis die ersten Ein-Wort-Sätze zu gebrauchen und das zu ihm gesprochene Wort teilweise zu begreifen. Am Ende des zweiten Jahres, wenn es Zwei- und Drei-Wort-Sätze zu sagen beginnt, kennt es dann schon eine große Anzahl von Wörtern, erkennt deren

Sinn und Bedeutung und kann sie demgemäß benützen. Das Wort als Gebilde und Zeichen ist ihm zum dauernden Besitz geworden. Es hat sich die Sprache in ihren ersten Wurzeln zu eigen gemacht, konnte das aber nur deshalb vollziehen, weil der Wort- und der Denk-Sinn in ihm erwachten.

Will man daher einen ersten Zugang zu einem Verständnis dieser beiden Sinne erwerben, dann wird es notwendig sein, ihre Entfaltung im Zusammenhang mit der Sprachentwicklung des kleinen Kindes zu studieren. Die Entfaltung der Kindersprache muss auf das Engste mit dem Erwerb dieser beiden Sinne zusammenhängen; es ist ja offenbar auch so, dass das neugeborene Kind weder im Besitz des Wort- noch des Gedanken-Sinnes ist. Beide sind wohl anlagemäßig vorhanden, es bedarf aber der Entfaltung der Sprache, um aus diesen Anlagen eine Fähigkeit zu machen.

Schon im zweiten Abschnitt dieser Schrift wurde darauf hingewiesen, dass bereits das erste Lebensjahr von größter Bedeutung für die Ausbildung der Sprache ist. Es wurde gesagt, dass mit dem ersten Schrei die Sprachentwicklung einsetzt und dass bald danach der Säugling beginnt, die verschiedensten Laute zu äußern; er schreit und kräht, gurgelt und girrt, und am Ende des ersten Monats haben die meisten Mütter es gelernt, die verschiedenen Töne und Geräusche zu «verstehen». So schreibt z.B. ein so exakter Beobachter wie *Charles Valentine:* «Am Ende des ersten Monats konnte ich drei verschiedene Tontypen unterscheiden. Erstens den Hungerschrei: unruhig, scharf, jedesmal ein sich steigernder Schrei, der nach dem letzten starken Ausbruch plötzlich verstummte. Zweitens den Schmerzschrei: ein viel stärkerer und anhaltenderer Schrei. Drittens ein zufriedenes Gurgeln. Dieses war bei den drei beobachteten Kindern in seiner Lautgestaltung verschieden.»[56]

Hier ist der Schrei nichts anderes als Aussage. Er erfolgt einzig und allein als ein Ausdruck des Wohlbefindens oder Missbehagens und hat noch kaum eine Beziehung zur sprechenden Umwelt selbst. Dieser Bezug aber tritt schon im zweiten oder dritten Monat auf. Darüber berichtet *Valentine*: «Wenn die Mutter oder der Vater zum Kind schwätzelten, kam ein antwortendes Summen darauf zurück. Das trat bei Y am 28., bei B am 32. und bei A am 49. Tage zum erstenmal auf. So wurde die Sprachentwicklung schon zu dieser Zeit mit den sozialen Bezügen verknüpft.» *Valentine* weist darauf hin, dass manche Beobachter dieses «Respondieren» des Säuglings später beginnen lassen, besonders dann, wenn die Kinder nicht in ihrem Familienmilieu zur Beobachtung kamen. Die meisten aber finden, dass es um die Mitte oder gegen Ende des zweiten Monats einsetzt.

Damit entsteht eine allererste und verständnisvolle Reaktion des Säuglings auf die Zusprache, die ihm zuteil wird. Er «beantwortet» das Sprechen einer anderen Person mit einer eigenen Lautäußerung; er respondiert und zeigt dadurch an, dass seine Nachahmung sich des gleichen Organs wie sein Vorbild bedient. Darin kann ein erstes Verständnis für den Akt des Sprechens gesehen werden.

Im Laufe des dritten Monats werden die Laute und Töne, die das Kind von sich gibt, sehr vielfältig und enthalten sowohl erkennbare Konsonanten als auch Vokale. *Valentine* schreibt: «In diesem Stadium war es ganz evident, bei der Zahl der Töne, welche die Kinder produzierten und von denen viele für uns gänzlich unaussprechbar waren, dass das Kind in seinen Sprachäußerungen völlig unabhängig von dem, was es hörte, war.» Dies ist eine weitere, sehr wichtige Feststellung; denn sie zeigt, dass das Gehör der Kinder dieses Alters noch nicht mit den Tätigkeiten des Kehlkopfes und der übrigen Sprachorgane zusammenwirkt; mit den Ohren wird gehört, und unabhängig davon wird mit dem Kehlkopf und den werdenden übrigen Sprechorganen etwas geäußert. Es haben sich die «intentionalen Beziehungen» zwischen diesen beiden Tätigkeiten noch nicht ausgebildet, und nur der andere Mensch, wenn er den Säugling direkt anspricht, kann dessen Sprechwerkzeuge zum Respondieren bringen.

Etwa vom vierten Monat an aber beginnt das Kleinkind, gehörte Töne und Geräusche zu imitieren und das einmal Erworbene durch immer wiederkehrendes Üben sich anzueignen. Nun setzt die Zeit ein, da die Kinder während des Wachens dauernd plappern und dabei immer neu bestimmte Laute und Lautkomplexe wiederholen. Um den sechsten Monat etwa wird diese «bewusste» Nachahmung eines gehörten Lautes zu einem täglichen Ereignis. Jetzt erst ist das Kleinkind soweit, dass Ohr und Sprachorgane als eine funktionelle Einheit wirken können. Das ist ein wichtiger Schritt, denn nun kann ein plapperndes Erfassen der Mutterlaute beginnen.

Valentine beschreibt bei seinen Kindern ein ganz auffallendes Phänomen, das wohl Tausende andere Väter und Mütter auch beobachtet, aber nicht beachtet haben. Er weist nämlich darauf hin, dass die willkürlich nachgeahmten Laute immer nur in einem

Flüsterton gesprochen werden. Er sagt: «Diese willkürlichen Nachahmungen waren aber ganz auffallend verschieden vom spontanen oder respondierenden Plappern; sie wurden nur geflüstert.»[57] Dieses Verhalten tritt etwa um den achten bis neunten Monat auf.

Auch *William T. Preyer* beschreibt es bei seinem Kind; hier allerdings tritt es erst im zehnten und elften Monat auf. Er sagt: «Überhaupt wurden jetzt öfters beim Vorsprechen, wobei das Kind aufmerksam meine Lippen betrachtete, Versuche nachzusprechen gemacht, meistens kommt aber etwas anderes zum Vorschein oder eine lautlose Lippenbewegung.»[58] Bei dieser Beschreibung wird offenbar, warum es nur zu einem Wispern oder zu lautlosen Lippenbewegungen kommt; das Kind blickt auf die Mundbewegungen des Erwachsenen und ahmt die Bewegung, nicht aber das Lautieren nach. Denn es kann wohl unbewusst laut plappern und auch unbewusst die tönenden Sprachlaute nachmachen; bewusstes Wiederholen aber geschieht zunächst nur im Zusammenspiel zwischen der beobachteten Mundbewegung, also zwischen dem Auge, und seinen eigenen motorischen Impulsen.

Gegen Ende des ersten Jahres kommt es dann zu einem bedeutsamen neuen Entwicklungsschritt. *Preyer* versucht ihn darzustellen, indem er darauf hinweist, dass das Kind nun nicht allein auf Töne, Geräusche und Klänge reagiert, sondern sich z. B. bei der Nennung seines Namens der Richtung des Sprechens zuwendet. Bei jedem neuen noch nicht gehörten Ton erstaunt es und macht zum Zeichen dafür Augen und Mund weit auf. Auch wurde Preyers Kind durch das öftere Wiederholen der Aufforderung «Händchen geben» und das gleichzeitige Hinhalten der Hand soweit gebracht, diesem Befehl zu folgen. Ein erstes Maß von Wort-Gedächtnis war damit etabliert.

Mit diesen Feststellungen stimmen auch die meisten übrigen Beobachter überein: Einige wenige Worte werden gegen das Ende des ersten Jahres verstanden und die dazu gehörigen Bewegungen ausgeführt. So kann das bei *Valentine* beschriebene Kind Y beim Wort «Kätzchen» auf den Boden blicken, um es zu suchen, und beim Wort «Vögelchen» nach der Wand schauen, wo Vögel auf der Tapete abgebildet waren. Es verstand auch die Worte «Flasche», «Mund», «Winke-winke» und einige andere und konnte die dazugehörigen charakteristischen Gesten ausführen.

Stern notiert für seine Tochter Eva im Alter von zwölf und dreizehn Monaten das Folgende: «Man muss immer wieder staunen, weil die Entwicklung kaum zu verfolgen ist; es lässt sich in diesem Alter nicht konstatieren: heute begreift das Kind von dem Sinn des Wortes ein wenig, morgen mehr, übermorgen alles – nein, auf einmal merken wir: Das Kind versteht, was wir meinen.»[59]

Ähnlich äußert sich *Preyer*: «Der bedeutendste Fortschritt besteht in dem nun erwachten Verständnis gesprochener Worte. Die Lernfähigkeit ist fast wie über Nacht aufgetaucht. Denn es bedurfte nun nicht häufiger Wiederholung der Frage: ‹Wie groß ist das Kind?› mit dem Emporhalten seiner Arme, um es jedesmal die Bewegung machen zu lassen, wenn es die Worte ‹wie groß› oder ‹oß›, sogar nur ‹oo› hörte.»[60]

Wollen wir nun versuchen, die hier dargestellten Einzelheiten der kindlichen Sprachentwicklung während des ersten Jahres im Hinblick auf den Wort-Sinn sowohl als den Gedanken-Sinn zu interpretieren, dann kann eine sehr stetige Entfaltung festgestellt werden.

Zunächst sind die Lautäußerungen des Kindes völlig spontan und nur ein Ausdruck für das Erlebnis der eigenen Existenz.

Im zweiten Monat kann durch Zusprache ein Summen induziert werden; das Kind respondiert und wird dadurch wie ahnend sich seiner eigenen Mundbewegungen bewusst. Das ist eine Sinneswahrnehmung, die noch in das Reich der Bewegungsempfindungen gehört, jedoch auf die Mundregion konzentriert ist.

Mit dem dritten Monat erweitert sich die Mannigfaltigkeit der Laute und Töne, die das Kind spontan produzieren kann, und vom vierten Monat an beginnt es bestimmte Laute, die es gehört hat, zu imitieren. Diese Fähigkeit verfestigt sich im Laufe der folgenden Monate immer mehr, ohne dass bis zum siebenten oder achten Monat ein grundsätzlich neuer Erwerb hinzutritt.

Erst um diese Zeit beginnt dann der Versuch einer willkürlichen Nachahmung vorgesprochener Worte und Laute. Diese Nachahmung bedient sich aber vor allem des Zusammenspieles zwischen Augen und Lippen und ist dem Lippenlesen der Taubstummen verwandt; das letztere hat hier seine Wurzel. Dieser Vorgang geschieht deshalb auch entweder leise oder völlig stimmlos. Auch hierbei handelt es sich um eine Kombination zwischen Sehsinn und Bewegungsempfindung, die zur Mundbewegung wird. Eine weitere Bewußtwerdung der Lippen- und Mundpartien wird damit erreicht; ein Akt vollzieht sich, der als ein weiterer Schritt des Respondierens angesehen werden kann.

Gegen Ende des ersten Jahres, etwa mit dem neunten Monat beginnend, entsteht ein ahnendes

Erfassen des Wortes als Bezeichnung. Viele Autoren sprechen hier schon von einem «Wortverständnis». Das ist aber keineswegs der Fall; denn alle diese «verstandenen» Worte sind in Gebärden eingekleidet (siehe die angeführten Beispiele), und das Kind ahmt die Gebärde beim Vernehmen eines immer wieder auftretenden Lautgefüges nach. Diese Lautgefüge werden wohl erinnert, aber noch nicht verstanden. Die Erinnerung allein gibt dem Kind die Möglichkeit, ein Lautgebilde als Sprachzeichen zu empfinden und mit den dazugehörigen Gebärden, Empfindungen, Strebungen und Dingen zu verbinden. Wenn ein Kind (die kleine Eva Stern) mit dreizehn Monaten das Wort «Puppe» für ihre Puppe und für abgebildete Kinder anwendet, so ist das ein Wiedererkennen von einmal festgestellten Zusammenhängen. Für das Kind sind das noch keineswegs Identifikationen, die ihm durch das Wort oder Lautgefüge einen «Namen» offenbaren, sondern hier handelt es sich um die Fähigkeit, bestimmte, vom Kind selbst ausgewählte Lautgebilde und Worte zu erinnern und wiederzuerkennen.

Man sollte hier nicht in den Fehler verfallen, diese Leistung als eine Form von Erkenntnisprozess zu betrachten; es ist ein einfaches Wiedererkennen, nicht aber ein Verstehen des Wortes und seines Sinngehaltes. Trotzdem handelt es sich dabei um eine neue Errungenschaft, die von größter Bedeutung ist.

Wer mit dem Unterricht und der Bildung tauber Kinder vertraut ist, der weiß, dass es zu den größten und oft unüberwindlichen Schwierigkeiten der Taubstummenerziehung gehört, das schlafende Wortgedächtnis dieser Kinder zu erwecken. Sie lernen relativ bald Töne und Laute zu hören und zu differenzieren, aber das Merken, Besinnen und Erinnern für Worte stellt eines der größten Hindernisse im Erwerb einer einigermaßen normalen Umgangssprache dar. Das hörende Kind erlernt diese Fähigkeit «plötzlich» und «wie über Nacht». Das vollzieht sich aber erst zu dem Zeitpunkt, an welchem das Kind sich die aufrechte Haltung erworben hat. Erst nachdem die Aufrechtheit sich ausgebildet hat, erwacht das Wort- und Lautgedächtnis.

Damit aber vollzieht sich die erste, bewusste Sonderung des Wortes, und es handelt sich dabei um eine zweifache Sichtung. Das Wort wird einerseits aus dem Reich der übrigen Klänge, Töne und Geräusche herausgehoben und selbstständig erinnert; es wird aber anderseits auch aus der Sphäre der Motorik herausgegliedert und als selbstständige Welt behandelt.

Alle oben beschriebenen Beobachtungen können nun dahin verstanden werden, dass im Laufe des ersten Lebensjahres das kleine Kind schrittweise die Wort- und Lautgebilde zu erleben lernt, um sie als eine in sich bestehende Entität am Beginn des zweiten Jahres zu erfahren. In dem Augenblick, da der kleine Mensch sich der Schwere enthoben hat, ist auch das Wort seiner vorherigen Vermischung in die übrige Motorik und dem sonst Gehörten entstiegen.

Zwei Befreiungen haben sich gleichzeitig vollzogen: Der Mensch hat nicht nur gelernt, aufrecht auf der Erde zu stehen, sondern auch das Wort erhebt sich, gleich einer Lerche, in die freie, atmende Luft; das Kind beginnt zu sprechen.

Mit der Verselbstständigung des Wortes, die zusammen mit dem Erwerb der aufrechten Haltung sich vollzieht, ist nun auch der Wort-Sinn geboren; denn mit der Sonderung des Wortes aus den übrigen motorischen und sensorischen Bereichen wird es als selbstständige Gestalt zwar noch nicht gedanklich erkannt, aber sinnesmäßig wahrgenommen. Die Fähigkeit der Worterinnerung ist ja schon das Resultat des ausgebildeten Wort-Sinnes. Hier, am Anfang des zweiten Lebensjahres, steht die Wiege des Wort-Sinnes. Und *Rudolf Steiner* drückt das so aus: «Weil die

Lautempfindung vor dem Urteilen liegt, darum lernt das Kind früher die Lautbedeutungen der Worte empfinden, als es zum Gebrauche des Urteils kommt. An der Sprache lernt das Kind urteilen.»[61]

Jetzt weiß das Kind aus seiner unmittelbaren Erfahrung, die ihm durch den Sprach-Sinn vermittelt wurde, dass ein Wort ein durchaus anderer Laut ist als alles, was ihm sonst durch das Gehör zugänglich wird. Das Wort als selbstständiges Ding ist geboren und wird in die Wiege des Wort-Sinns aufgenommen.

Die nächsten sechs Monate sind nun damit erfüllt, dass der neu erworbene Wort- oder Sprach-Sinn geübt und verwendet wird. Das geschieht nicht dadurch, dass nun viele neue Worte und Lautgebilde dazugelernt werden, sondern eher so, dass das plötzlich Erreichte nun zu eigen gemacht wird. Deshalb ist auch der Erwerb von frischen Worten in dieser Periode auffallend gering.

In diese Zeit fällt auch noch der Erwerb und die Entfaltung einer speziellen Eigenschaft, die deshalb für unsere Untersuchungen von Bedeutung ist, weil sie auf den erwachten Sprach-Sinn hinweist. *Valentine* schreibt: «Ich sagte schon, dass in B und Y (zwei der von ihm beobachteten Kinder) nur zwei Beispiele wahrer Gestensprache *vor* dem Ende des ersten Jahres auftraten. Es ist wohlbekannt, dass Taubstumme eine sehr ausgedehnte Gestensprache als Ersatz der Lautsprache entwickeln. Ein erfahrener Taubstummenlehrer erzählte mir, dass das Lippenlesen und die Sprachversuche bei taubstummen Kindern dadurch hintangehalten werden, dass diese ihre Gestensprache nicht ablegen wollen. Es bestehen auch Berichte über Kinder, die ihre Gestensprache deshalb behielten, weil sich die Lautsprache bei ihnen zu langsam ausbildete ... Bei den ‹Dionne-Fünflingen› z. B. waren die Gesten besonders ausdrucksvoll und viel gebraucht; diese Kinder waren auch sehr spät im Erwerb der Lautsprache.»[62] *Valentine* führt dann noch viele Beispiele an, die zeigen, wie Laut- und Gebärdensprache nach dem vollendeten ersten Jahr vikariierend füreinander eintreten können.

Dazu ist es interessant, die folgenden Worte *Rudolf Steiners* sich vor Augen zu halten: «In Betracht kommt, dass der gehörte Laut nicht das einzige ist, wodurch sich dem Menschen eine solche Innerlichkeit (die uns vermittels des Sprach-Sinns gegeben ist) offenbart, wie es beim Sprachlaut der Fall ist. Auch die Geste, Mimik, das Physiognomische, führt zuletzt auf ein Einfaches, Unmittelbares, das ebenso in das Gebiet des Sprach-Sinns gerechnet werden muß wie der Inhalt des hörbaren Lautes.»[63] Damit ergibt sich eine Bestätigung dafür, dass erst nach der Geburt des Sprach-Sinns wirkliche Gesten als Gebärdensprache aufzutreten beginnen.[64]

Auch alle onomatopoetischen Laute, die das Kind jetzt zu gebrauchen beginnt, sind ja nicht Worte, sondern Lautgebärden, die als Nachahmung gehörter Geräusche, meist aber als Imitation vorgesprochener Klänge wiederholt werden. Nun wird auch die Lauterinnerung immer fixierter und fügt sich mit den Wahrnehmungen aus anderen Sinnesgebieten, besonders des Auges, zusammen. Bilderbücher können nun gelesen werden, denn die darin erscheinenden Abbildungen werden mit größtem Genuß mit den dazugehörigen Worten verknüpft. Das Wort wird zwar noch nicht «verstanden», aber erinnert; es ist zur Wahrnehmung und Vorstellung geworden. Denn der Wort-Sinn hat sich nunmehr als Sinnes-Tätigkeit entfaltet, er hat begonnen, das Wort wahrzunehmen und diese Wahrnehmungen in Vorstellungen umzuwandeln.

Wenn dann das Kind in der zweiten Hälfte des zweiten Jahres in das erste Fragealter eintritt und nun in der zweiten Epoche der Sprachentwicklung so bestürzende Fortschritte macht; wenn es nach den Namen der Dinge und Wesen zu fragen beginnt und sich so schnell wie möglich durch einfaches Wiederholen die neuen Worte aneignet; wenn alles dies sich vollzieht, dann erscheint es der Umgebung, als würden jetzt im Kind richtige Denkakte auftreten.

So schreibt *Stern:* «Der eben geschilderte Vorgang ist nun auch zweifellos als Denkleistung des Kindes im eigentlichen Sinn anzusprechen. Die Einsicht in das Verhältnis von Zeichen und Bedeutung, die hier dem Kind aufgeht, ist eben etwas prinzipiell anderes als das bloße Umgehen mit Lautgestalten, Gegenstandsvorstellungen und deren Assoziationen. Und die Forderung, dass zu jedem Gegenstand, welcher Art er auch sei, ein Name gehören müsse, darf man wohl als einen wirklichen – vielleicht den ersten – allgemeinen Gedanken des Kindes ansehen.»[65]

Hier aber begeht *Stern*, obgleich er aus der Schule *Franz Brentanos* und *Husserls* kommt, eine jener fatalen Verwechslungen, die zum Nichterfassen des selbstständig wirkenden Gedankensinnes führen. Denn keinesfalls ist es angängig, dem zweijährigen Kind eine «allgemeine» Denkleistung so zuzumuten, dass es erfasst, und zwar logisch erfasst, dass jedes Ding einen ihm zugehörigen Namen habe. Obwohl sich das Kind dieses Tatbestandes bewusst wird, geschieht das nicht als Erkenntnis-, sondern als Wahrnehmungsakt. Denn nun gesellt sich zum Sprach-Sinn auch der Denk-Sinn hinzu, von dem *Rudolf Steiner* das Folgende sagt: «Es gibt nämlich eine ganz unmittelbare Wahrnehmung auch für das, was sich im Begriffe offenbart, sodass man von einem Begriffs-Sinn sprechen muß. Der Mensch kann das, was er in seiner eigenen Seele als Begriff erleben kann, auch von einem fremden Wesen offenbarend empfangen.»[66]

Das aber ist es, was sich im zweijährigen Kind jetzt zu enthüllen beginnt. Durch die Worte als Tore und Fenster blickt es hinein in die Welt der Ideen. Diese werden ihm wahrnehmbar, trotzdem es sie noch nicht denken kann.

Stern weist dann noch darauf hin, dass mit dem «Nennen» die dritte Wurzel der Sprechtendenz, die intentionale (wie er sie nennt), zu wirken beginnt.

Gerade die intentionalen Beziehungen aber sind Akte, die zwischen den verschiedenen Sinnesbezirken auftreten, aber nicht dem Denken zugehörige Seelenprozesse.

Von einer anderen Seite wird es noch deutlicher werden, dass es sich hier um das Erwachen, man könnte fast sagen, um das erste Erdämmern des Gedankensinnes handelt. Schon im zweiten Teil dieser Untersuchungen haben wir uns kurz mit dem sogenannten «Bedeutungswandel» der Worte in dieser Entwicklungsepoche befasst. Wir konnten darauf aufmerksam machen, dass es sich dabei keineswegs um Zufallsbezeichnungen handelte, sondern dass die Kinder einen umfassenden Begriff als Idee viel genialer umreißen, als es der Erwachsene kann.

Nun gibt *Valentine* einige hierher gehörige Beispiele,[67] die von grundlegender Bedeutung sind. Ich füge die notwendigen Kommentare gleich hinzu:

«E. W. gebraucht mit 15 Monaten (!) das Wort Tür, sowohl für Türen, Gartentore und Wasserhähne.» Es handelt sich also dabei um ein Erfassen solcher Dinge, die sich «öffnen» lassen. Das ist ein viel weiterer Begriff, als die einzelnen Worte selbst anzeigen würden. Die Idee des «Öffnens» wird vom Wort Tür dargestellt.

«B. mit 19 Monaten nennt ‹dickie› zuerst einen Sperling, daran anschließend jeden Vogel und noch später alle Fliegen und Spinnen und kleine Stücke Flaum, die in der Luft fliegen.» Hier ist es wieder so, dass das Umfassende das «Fliegen» ist, und daher alles, was fliegt oder die Möglichkeit des Fliegens in sich trägt, den Namen «dickie» erhält.

«B. mit 20 Monaten sagt ‹go› zunächst dann,

wenn etwas aus seinem Gesichtskreis verschwindet oder das Essen beendet ist. Dann aber auch, wenn er genug gegessen hatte und den Rest von sich wegschiebt.» Hier ist aus einem passiv sich gebenden «Go» ein aktiv und willentlich herbeigeführtes «Go» geworden. Die Bedeutung hat sich keinesfalls gewandelt, sie war von Anfang an wohl umrissen, aber eben weit und allgemein.

Ein anderes Kind[68] wendet mit 17 Monaten das Wort «eijebapp», mit dem es bisher nur seine Spielzeugeisenbahn bezeichnet hatte, auf mehrere hintereinander aufgereiht gehende Hunde an. Hier ist durchaus die Identität von Gestalteindrücken und deren Benennung mit dem gleichen Wort festzustellen. Aber Denkleistungen können das nicht genannt werden, sondern Identifikationen, die zeigen, dass die «Idee» eines Wortes schon erfasst wird, aber als Gestalt, als Wahrnehmung erfasst wird.

Anderseits gibt es jedoch viele Beispiele, bei denen das Ergreifen der Wortidee zu eng geraten ist, so wenn z. B. ein Kind das Wort Sessel nur auf eine bestimmte Gruppe von Stühlen anwendet, jene aber, die in ihrer Form ungewohnt erscheinen, nicht als solche erkennt.

Alle diese Beispiele könnten bedeutend vermehrt

werden; hier sollte nur das Prinzip erörtert werden, um daran zu zeigen, dass das Kind etwa um den achtzehnten Monat herum beginnt, zu dem schon ausgebildeten Sprach-Sinn den Denk-Sinn hinzuzuentwickeln. Auch diese Sinnestätigkeit setzt ziemlich abrupt und plötzlich ein. Denn mit dem Augenblick, da die Namen der Dinge zum Erlebnis geworden sind, ist der Denk-Sinn erwacht. Man könnte auch sagen, dass im Augenblick des Erwachens des Denk-Sinnes für das Kind jedes Ding seinen Namen bekommt. Denn damit entsteht der Sinn der Worte, dass sie zum Träger von Namen werden. Die Weiterbildung des Denk-Sinns jedoch vollzieht sich in einer etwas anderen Form, als wir es beim Sprach-Sinn kennengelernt haben. Der Letztere verfestigte und kräftigte sich dadurch, dass keine Neuerwerbungen von Worten eintraten; beim Denk-Sinn hingegen kommt es zu einer ganz besonders schnellen Aneignung neuer Worte, um die Ideenbilder in ihrer unendlichen Vielfalt so umfassend als möglich zu ergreifen.

Diese Ideenbilder können nun entweder viel weiter oder auch viel enger gefasst sein, als sie der voll ausgebildeten Sprache entsprechen. Keineswegs aber sind sie willkürlich; sie tragen nur einen verschiedenen

Größencharakter, der mit der Weite, aber auch mit der Enge des kleinen Kindes in direktem Zusammenhang steht: mit der Weite seiner seelischen Existenz, die sich über sein eigentliches Wesen hinausspannt, und mit der Enge seiner irdisch-leiblichen Existenz, in welcher es eben ein kleines Kind zu sein hat. Das drückt sich bis in das Erwachen und Handhaben des Denk-Sinnes hinein aus.

Helen Kellers Weltenaugenblick

Eines der erschütterndsten Beispiele für das Erwachen des Denk-Sinnes ist das plötzliche Erfassen des Wortverständnisses bei der sieben Jahre alten *Helen Keller.* Ihre Lehrerin, *Anne Sullivan,* erzählt: «Wir gingen hinaus in das Brunnenhaus. Dort ließ ich Helen ihren Becher unter das Rohr halten, während ich pumpte. Als das kalte Wasser herausschoss und den Becher füllte, buchstabierte ich in Helens freie Hand w-a-t-e-r. Das Wort, das so unmittelbar auf die Empfindung des kalten, über ihre Hand strömenden Wassers folgte, schien sie zu verblüffen. Sie ließ den Becher fallen und stand wie verzaubert. Ein neues Licht trat in ihre Züge.

Mehrere Male buchstabierte sie ‹water›. Dann kauerte sie sich auf den Boden und fragte nach seinem Namen und zeigte auf die Pumpe und auf das Gitter, und plötzlich wandte sie sich herum und fragte nach meinem Namen. Ich buchstabierte ‹teacher›. In diesem Augenblick kam die Amme mit Helens kleiner Schwester in das Brunnenhaus; Helen buchstabierte ‹baby› und zeigte auf die Amme (das erste Mal, dass sie ein buchstabiertes Wort von sich selbst als Mittel der Verständigung benutzte!). Auf dem ganzen Rückweg zum Hause war sie in höchster Erregung und lernte den Namen von jedem Gegenstand, den sie berührte, sodass sie in wenigen Stunden ihrem Wortschatz dreißig neue Worte zugefügt hatte. Hier sind einige davon: door, open, shut, give, go, come und noch viele andere.»[69]

Miss *Sullivan* fügt dann zu diesem Brief, den sie am Abend des Tages schrieb, an dem das alles sich vollzogen hatte, am kommenden Morgen noch eine Nachschrift hinzu. Da heißt es: «Helen stand heute morgen auf wie eine strahlende Fee. Sie flog von einem Gegenstand zum anderen, fragte bei allem nach dem Namen und küßte mich vor lauter Freude. Gestern abend, als sie zu Bett ging, schmiegte sie sich aus eigenem Antrieb in meine Arme und küßte mich zum erstenmal, und ich dachte, mein Herz müsse zerspringen, so voll war es vor Freude.»

Dabei ist zu bedenken, dass dieses taub-blinde Kind schon vorher durch Wochen von ihrer Lehrerin die Namen der Dinge in der Zeichensprache in die Hand eingeschrieben erhielt; sie konnte das auch wiederholen, aber erfassen, d. h. wahrnehmen, konnte sie es nicht. Es waren Zeichen ohne Sinn. Ihr Sprach-Sinn, der auch ein Gebärden-Sinn ist, war wohl vorhanden. Nun aber plötzlich, wie in einem Weltenaugenblick, erwachte in ihr der Denk-Sinn, und von diesem Moment an war ihr Geistwesen hier auf Erden zu Hause.[70] Sie konnte, gleich Adam, die Wesen bei deren Namen nennen. Deshalb verklärte auch «ein neues Licht» ihr Antlitz, denn das Licht des Geistes war in ihr erwacht und überschien sie.

Eine ähnliche, nicht so unmittelbare, weil nicht so plötzlich erwachende Freude überglänzt auch das zweijährige Kind. Es wird hier auf Erden als Mensch dadurch angenommen, dass es die Namen der Dinge erfassen kann. Es ist zum Adam geworden.

Das physische Organ des Wort-Sinnes

Nachdem wir nun die Entfaltung des Sprach- und des Denk-Sinnes anhand der Sprachentwicklung dargelegt haben, wird es notwendig sein, einen weiteren Schritt zu einem Verständnis der hier vorhandenen Phänomene zu machen.

Es ist ja durchaus neu und vielleicht auch verblüffend, annehmen zu müssen, dass alles, was bisher als eine komplizierte Denkleistung angesehen wurde, nun auf eine einfache Sinneserfahrung reduziert wird. Dass also ein kleines Kind den Sinn der von ihm erworbenen Worte nicht denkt, sondern eben sinnlich wahrnimmt! Gegen eine solche Annahme wehrt sich in uns vor allem die Denkgewohnheit, die mit dem Wort «sinnlich» oder «Sinneserfahrung» engst verknüpft ist. Denn «sinnlich» ist für uns alles, was mit jenen Erfahrungen zusammenhängt, die wir in einer sogenannten Außenwelt machen; dort sehen und hören, riechen und schmecken wir die Qualitäten der Dinge, die wir eben wahrnehmen.

Andererseits aber empfinden wir auch Schmerz oder Hunger und Durst; wir erleben dumpf unser Gleichgewicht im Raum und die Stellung unserer Gliedmaßen zueinander; alles dies sind auch

Sinneserfahrungen, die uns dauernd gegeben sind und mit denen unser Lebens- und Seinsgefühl auf das intimste zusammenhängt. Diese Sinneserfahrungen aber sind Erlebnisse, die in ihrer allgemeinen Dumpfheit nicht so unmittelbar im Feld des Bewusstseins zum Vorschein kommen, trotzdem aber von größter Bedeutung sind. Denn der Verlust des Gleichgewichtes oder eine Störung des Empfindens für die Lage unserer Gliedmaßen, auch die Verminderung des Schmerzempfindens, können zu allerschwersten Beeinträchtigungen unserer Existenz führen oder sind selbst schon Symptome einer tiefgreifenden Erkrankung unseres Daseins. Diese Sinneserfahrungen unserer eigenen körperlich-seelischen Zustände, wozu wir auch das Erleben unseres Wohlbefindens oder Missbehagens rechnen müssen, gehören zum Kreis der Sinnesprozesse.

Auch diese Letzteren sind noch annehmbar in der allgemeinen Charakteristik, die wir dem Wort «sinnlich» zusprechen. Denn unser Leib ist ja selbst nur ein Teil der «Außenwelt» und für uns durch eine spezielle Gruppe von Sinnen als solcher erlebbar. Wir sehen ihn nicht nur teilweise von außen und hören ihn sprechen und singen, sondern wir empfinden sein Ergehen in Lust und Schmerz, in Wohlsein und

Unwohlsein ganz unmittelbar und wissen, dass das jedem Menschen für «seinen» Leib so ergeht.

Nun aber soll etwas Sinnesinhalt sein, das jenseits der «sinnlichen» Welt liegt und nur als Gedanke sich offenbart? Noch für den Wort-Sinn ist es möglich, ein Stück des «sinnlichen» Charakters der Wahrnehmung beizubehalten; denn im Sprach-Sinn wird uns ja nur eine Art von erweitertem Hörsinn vorgestellt. Was im Hören als einzelner Ton oder Klang sich offenbart, wird im Wort-Sinn zu der einheitlichen Wahrnehmung eines Lautkomplexes; der Laut eines Vokals oder eines Konsonanten ist die Zusammenfügung vieler Einzeltöne, die als Ganzes, als einheitliche Gestalt, vom Sprach-Sinn aufgefasst werden. Und gleichwie durch den Hörsinn aus einzelnen Tönen eine Melodie erfasst werden kann, so vermögen wir durch das Mittel des Sprach-Sinns aus der Zusammenfügung der einzelnen Laute ein Wort oder eine Wortfolge wahrzunehmen.

Ist das aber geschehen, dann soll sich nochmals eine neue Sphäre öffnen, und wir sollen durch das Wort hindurch den Sinn, den es ausdrückt, wahrnehmen! Alles, was im Feld der Wahrnehmung diesem Prozess vorausgeht, hat anderen Charakter. Denn ein Ding oder Wesen schmeckt, riecht, hat Farben und Formen, äußert Töne und Klänge, die alle Eigenschaften seines Daseins sind. Sogar sein Name, den es trägt, gehört ihm noch an und ist Teil seines Charakters, ist Stück seiner Existenz. Die Idee, der Begriff aber, das ist es ja selbst; es ist nicht sein Teil oder Anteil, sondern viel mehr als das; etwas Unteilbares, das *Ens* (Seiende) selbst. Es kann durchaus verschiedene Namen tragen, es kann Hund heißen, aber auch canis, chien oder dog. Viele solche Namen kann es haben, wie es auch viele, oft unendlich viele Eigenschaften haben kann. Aber «der» Hund, die Hundeheit, sie ist in jedem Namen, in jeder Eigenschaft so enthalten, dass sie ein Einheitliches in aller Verschiedenheit ist. Dieses aber, dieses Unteilbare, dieses Wesen, das, wenn wir es selbst sind, von uns mit dem Wort «Ich» bezeichnet wird, dieses soll als Wahrnehmung uns gegeben sein? Dass also nicht nur die Qualitäten, sondern auch das die Qualitäten Tragende uns unmittelbar zur Erfahrung kommt?

Wie aber sollte eine Verständigung unter Menschen möglich sein, wenn diese unmittelbare Erfahrung nicht vorhanden wäre? Ist es überhaupt denkbar, dass dem Denken ein anderes Maß zugrunde liegt als das Wahrnehmen der Begriffe und Ideen? Die sonst herrschende Anschauung, dass wir aus der Vielfalt unserer Erfahrungen durch gradweise Abstraktion uns die notwendigen Begriffe erarbeiten, ist ja nicht stichhaltig. Erst wenn wir in konsequenter Verfolgung der Sinnessphären auch die mit einbeziehen, die uns nicht nur die Qualitäten der Dinge, sondern deren *ens* selbst zur Erfahrung bringen, können wir das Wunder des Wortverstehens beim Kind zu begreifen anfangen.

Wird das verstanden, dann allerdings stellt sich ein weiteres, recht schwerwiegendes Problem vor uns hin. Es ergibt sich aus der Frage: Wenn für jeden bisher bekannt gewordenen Sinnesprozess ein Organ im Leib auffindbar ist, wo haben der Sprach- und der Denk-Sinn ihre physischen Organisationen? Nichts ist davon bekannt, und es gibt keinen Teil unseres Körpers, der nicht bis ins letzte anatomisch durchuntersucht wäre. Handelt es sich aber um Sinnesprozesse, dann muß wohl nach den dazugehörigen Sinnesorganen gefragt werden. Erst wenn diese gefunden, untersucht und durchgeprüft worden sind, werden sich Sprach- und Denk-Sinn als «fassbare» Entitäten offenbaren können.

Nun hat *Rudolf Steiner* schon in dem früher erwähnten Buch *Von Seelenrätseln* die Natur des Sprach- und Denk-Sinns im Umriss dargelegt und daran die folgenden Bemerkungen geknüpft: «Es führt zu einer mangelhaften Psychologie und auch zu einer mangelhaften Erkenntnistheorie, wenn man das ‹Erfassen von Gedanken› nicht scharf von der Denktätigkeit absondert und den sinnesgemäßen Charakter des ersteren erkennt. Man begeht diesen Fehler nur deshalb, weil das Organ des ‹Vernehmens von Worten› und dasjenige des ‹Erfassens von Gedanken› nicht so äußerlich wahrnehmbar sind als das Ohr für das ‹Hören›. In Wirklichkeit sind für die beiden Wahrnehmungstätigkeiten ebenso ‹Organe› vorhanden wie für das ‹Hören› das Ohr.»[70a]

Für den Geistesforscher besteht also kein Zweifel, dass dem Wort-Sinn sowohl als dem Denk-Sinn auch physische Organe vorgelagert sind, durch die sich diese beiden Funktionen erst richtig auswirken können. Ist es nun überhaupt möglich, in der Fülle der morphologischen Strukturen des menschlichen Leibes dieser Organe habhaft zu werden? Bisher ist ja noch niemals dieser beiden Sinne im Feld der Wissenschaft gedacht worden, geschweige dass ihnen wirkende Organstrukturen zugewiesen wurden.

Es könnte aber so sein, dass gewisse morphologische Strukturen, die uns ihrer Gestalt nach wohl bekannt sind, bisher funktionell missdeutet wurden und dadurch Tätigkeiten zugeschrieben bekamen, die sie im Grunde gar nicht ausführen. Dass also ganz spezielle Teile unseres Leibes wirklich die Organe des Denk- und Wort-Sinnes sind, aber deshalb als solche noch nicht erkannt wurden, weil diese Sinne selbst unbekannt waren.

Es wird sich also nicht darum handeln, ein «neues» Organ aufzufinden; denn der menschliche Leib ist bis in die letzte Ecke hinein makroskopisch sowohl als mikroskopisch durchuntersucht. Was notwendig ist, wäre eine Umdeutung bestehender Organ- und Gewebestrukturen, sodass sie in einer neuen Ordnung und Gestalt vor uns erscheinen. Möglich ist auch, dass eine Anzahl von Organen, denen bisher keine gemeinsame Grundgestalt zugedacht war, nun als solche erkannt werden und die physische Organisation bilden, die wir zu finden hoffen.

Es hat sich uns aber ein erster und sehr gewichtiger Ausgangspunkt ergeben, an welchem wir zunächst festhalten wollen. Wir fanden, dass die Entfaltung des Sprach-Sinnes sich gerade am Ende des ersten Jahres, der Aufbruch des Denk-Sinnes im Verlauf des zweiten Lebensjahres vollziehen. In diesen Entwicklungsperioden aber erlernt das Kind die aufrechte Haltung und das Gehen und die Fähigkeit des

Sprechens. Sollte vielleicht der Sprach-Sinn deshalb erst am Ende des ersten Jahres in Erscheinung treten, weil er intim mit dem Erwerb des Gehens zusammenhängt? Ja, ist es nicht zunächst einmal denkbar, dass überhaupt die Voraussetzung für den Sprach-Sinn der aufrechte Gang des Menschen ist?

Wäre vielleicht darin der Grund dafür zu suchen, dass so viele der Kinder, die Schwierigkeiten im Erlangen der Aufrichtekraft haben, auch das Sprechen und das Sprachverständnis so schwer erwerben können? Dass überhaupt ein innigster Zusammenhang zwischen der motorischen Leistung eines Menschen und seinem Sprach-Sinn besteht? Wie, wenn der Erwerb des aufrechten Ganges gar erst jenes Organ ausbildete, welches dann als das Sinnesorgan für das Verstehen des Wortes zu wirken hat?

Werden solche Fragen ernsthaft in Erwägung gezogen, dann kann eine weitere Überlegung daran angeschlossen werden: Der Erwerb des Gehens, wie wir es im ersten Teil dieser Schrift zu schildern versucht haben, ist eine schrittweise Eroberung der willkürlichen Muskulatur, die der Mensch durch sein Selbst vollzieht. Dieser Prozess bildet in seinem Ablauf während des ersten Jahres ein ganz bestimmtes Organ aus, das als «pyramidales System» beschrieben wird. Dieses System ist ein Teil unseres Nervensystems. Es besteht aus Gruppen von Nerven, die von den willkürlichen Muskeln der Glieder und des Stammes bis hinein in das Rückenmark reichen und dort mit einer anderen Gruppe von Nerven in engstem Kontakt stehen, die durch das Rückenmark hinauf zur Gehirnrinde ziehen. Ihren Ursprung haben diese Nerven an ganz bestimmten Stellen des Rindenbezirkes des Großhirns. Dieser ganze Komplex von Nerven, der also von der Gehirnrinde über das Rückenmark bis in die einzelnen Muskeln reicht, wird als pyramidales System beschrieben. Es ist ein sehr vielfältiges und weitläufiges Organ, das einen wesentlichen Teil des Nervensystems ausmacht.

Bis vor kürzester Zeit waren Physiologen und Neurologen noch fest davon überzeugt, dass es sich da um eine Gruppe motorischer Nerven handelt, welche die Verursacher der willkürlichen Muskelbewegungen sind. In den letzten Jahren aber haben sich immer mehr gewichtige Stimmen innerhalb der Neurologie und Physiologie gegen diese Auffassung erhoben. Klinische Befunde am kranken Menschen und umfassende Experimente an Hirnoperierten haben gezeigt, dass diese «motorischen» Nerven nur unter ganz bestimmten Bedingungen als solche funktionieren und dass die von ihnen experimentell hervorgerufenen Bewegungen in Gestalt und Ablauf ganz entscheidend verschieden sind von den normalen Bewegungen eines Menschen.[71] Diese normalen Bewegungen werden bei künstlicher Reizung des pyramidalen Systems eher unterdrückt denn gefördert, und die moderne Neurologie steht hier vor einem Rätsel, das sie sich im Augenblick noch kaum einzugestehen, geschweige denn zu lösen getraut. Dieser «menschlichste» aller Nervenverbände, der unter dem Namen «Pyramidenbahn» zusammengefasst wird, ist heute funktionell unerkannt. Wir kennen seine pathologischen Leistungen, wenn er durch Verletzung oder Erkrankung versagt; seine normale Funktion aber ist durchaus ins Dunkel gerückt.

Das pyramidale System ist also eine morphologische Einheit, eine Gruppe von Nerven, welche die Funktion, die ihr bisher zugeschrieben wurde, nicht zu vollziehen scheint. Obwohl sie eng mit der willkürlichen Bewegung zusammenhängt, ist sie dennoch nicht deren Verursacher. Diese morphologische Einheit bildet sich im Ablauf des ersten Lebensjahres aus; ist dieser Prozess aber geschehen, dann scheint das entstandene Organ nicht mehr unmittelbar mit der erreichten Funktion, dem aufrechten Gang und der damit zusammenhängenden willkürlichen Beweglichkeit verbunden zu sein. Dieser so ausgebildete Nervenapparat hat sich am Erwerb des aufrechten Ganges intimst beteiligt; im Augenblick aber, wo das errungen ist, beginnt er sich neuen Funktionen zur Verfügung zu stellen. Eine Form des Funktionswandels tritt hier auf, die zu beachten ist.

Nun gibt es von *Rudolf Steiner* eine Darstellung, in der er die Natur und die Gestalt des physischen Organs des Sprach-Sinnes darzulegen versucht. Es heißt dort: «Insofern wir Kraft haben, uns zu bewegen, alles das ausführen können, was wir durch unser Inneres an Bewegungen haben, z. B. wenn wir die Hände bewegen, führen wir von innen heraus Bewegungen aus, wenn wir das Haupt drehen, oder von oben nach unten bewegen, sind es Bewegungen … also insofern wir diese Kräfte haben, den Körper in Bewegung zu versetzen; so liegt dieser Bewegbarkeit in uns ein physischer Organismus zu Grunde. Das ist der physische Organismus der Bewegungsfähigkeit.»[72]

Damit aber meint *Rudolf Steiner* etwas ganz Besonderes. Er meint nicht die Bewegungen selbst, also jene Tätigkeit, die als die willkürliche Motorik auftritt, sondern eine physische Organisation, an der die Beweglichkeit sich vollzieht. Wird hier nicht auf das pyramidale System hingewiesen? Dieses ist nicht, wie wir gesehen haben, der Verursacher der willkürlichen Bewegungen, und dennoch vollziehen sich diese an seiner Hand.

Nun aber fügt *Rudolf Steiner* hinzu: «Der [dieser Organismus der Bewegungsfähigkeit] ist nun zugleich das Wahrnehmungsorgan für die Sprache, für die Worte, die uns der andere zusendet. Wir könnten keine Worte verstehen, wenn wir nicht in uns einen physischen Bewegungsapparat hätten. Wahrhaftig, insofern von unserem Zentralnervensystem die Nerven zu unserem gesamten Bewegungsvorgang ausgehen, liegt darinnen auch der Sinnesapparat für die Worte, die zu uns gesprochen werden.»

Mit diesen Sätzen wird aber nur bestätigt, was oben darzulegen versucht worden ist. Denn die Nerven, die «vom Zentralnervensystem zu unserem gesamten Bewegungsapparat ausgehen», sind zweifellos die Nerven des pyramidalen Systems. Wir haben damit in der Pyramidenbahn und den ihr zugehörigen Nervenstrukturen das Sinnesorgan für den Sprach-Sinn zu suchen. Es handelt sich dabei um ein vieltausendfältiges Instrument, dessen Saiten zwischen den Muskeln und dem Gehirn ausgespannt sind und als Gesamtheit dem Erfassen der Sprache dienen.

Diese Annahme wurde in den letzten zehn Jahren durch klinische Untersuchungen bestätigt, die von dem Direktor der Homburger Nervenklinik gemacht wurden.[73] *Kurt Conrad* hat ausgedehnte Befunde über die Lokalisation bestimmter Sprachstörungen am Gehirn erhoben. Er konnte zeigen, dass diese sogenannten aphasischen Störungen gerade dann auftreten, wenn am Großhirn Verletzungen und Zerstörungen jener Teile vorliegen, die als die Ursprungsgebiete des pyramidalen Systems bekannt sind. Aphasische Störungen aber sind meistens solche, bei denen es sich um einen teilweisen oder gänzlichen Verlust des Sprachverständnisses handelt. Diese Kranken können dann entweder die ihnen zugesprochenen Worte nicht verstehen oder aber selbst die Fähigkeit des Sprechens verlieren. Auch dieser zweite Zustand ist dadurch bedingt, dass die Erfassung der Wortgestalt entweder gar nicht oder nur zum Teil erhalten geblieben ist.

Damit aber haben wir eine erste fundamentale Einsicht in die Phänomenologie des Sprach-Sinns gewonnen. Wir haben seinen intimen Zusammenhang mit dem Erwerb des aufrechten Ganges erkannt und sein physisches Organ beschrieben. Das Letztere ist ein rein nervöses, das heißt, dass es nur aus Nervengewebe zusammengesetzt ist. An den Enden der Nerven befindet sich die gesamte willkürliche Muskulatur, die durch das pyramidale System wohl zusammengehalten, aber nicht funktionell aktiviert oder betrieben wird. Die Pyramidenbahn ist dadurch, dass sie der Gesamtheit des willkürlichen Bewegungsapparates zugehört, ihn aber nicht bewegt, sondern in sich still bleibt, zum Organ des Wort-Sinnes erhoben worden. Das ist der hier eingetretene Funktionswandel.

Alles das wird aus Darlegungen *Rudolf Steiners*, die er anschließend an die oben zitierten gemacht hat, weiter erhellt. Es heißt da: «Denken Sie, ich mache diese Bewegung [zur Abwehr erhobene Hand] … und die Fähigkeit, diese Bewegung zu machen, insofern sie aus meinem ganzen Bewegungsorganismus kommt (denn jede kleinste Bewegung kommt aus dem gesamten Bewegungsorganismus des Menschen), bewirkt etwas ganz Bestimmtes. Indem ich eine solche Bewegung zurückstaue, mache ich dasjenige, was ich haben muss, damit ich irgend etwas Bestimmtes verstehe, was in Worten ausgedrückt wird durch einen anderen Menschen. Ich verstehe, was der andere sagt, dadurch, dass ich, wenn er spricht, diese Bewegung nicht ausführe, sondern sie unterdrücke, dass ich in mir den Bewegungsorganismus nur gewissermaßen bis in die Fingerspitzen errege, aber zurückhalte die Bewegung, also anhalte, staue: indem ich dieselbe Bewegung staue, begreife ich etwas, was gesprochen wird.»

Hier wird uns eine erste Grundlage dafür gegeben, wie die Funktion des Wort-Sinnes zu verstehen ist. Denn es wird gezeigt, dass es gerade die nicht durchgeführte Bewegung, die nicht sich selbst darstellende Geste ist, die das Verständnis des zu uns gesprochenen Wortes vermittelt. Die nicht durchgeführte Intention, die sich in statu nascendi selbst aufhebt und, statt sich zu bewegen, stille hält, ist die Grundlage des Sprach-Sinnes.

Das ist ein solcher Vorgang, der mit der Resonanz verglichen werden kann. Wenn ich in ein Klavier eine bestimmte Tonfolge hineinsinge, dann ertönt sie leise zurück; das aber vollzieht sich nur dann, wenn die Saiten nicht in Vibration, sondern in Ruhe sind. Ebenso erklingt in mir das gesprochene Wort wieder, wenn ich die Gestenbewegung, statt sie zu vollziehen, unterdrücke. Das geschieht nun durch jenes Organ, das pyramidales System genannt wird. Dieses komplexe Bündel zahlloser Nerven ist wie ein Dämpfer, der alle willkürliche Bewegung nicht vollzieht, sondern zurückhält und dadurch zu jenem Saiteninstrument wird, an welchem das gesprochene Wort sein Echo, seine Resonanz findet, aus welcher das Wortverständnis resultiert.

Jetzt wird auch begreiflich, warum bei dem kleinen Kind (wir haben schon bei der Darstellung der Sprachentwicklung darauf hingewiesen) die Schwelle des Sprachverstehens größer ist als die des Sprechens. Das Kind hat am Ende des ersten Jahres gelernt, mit Hilfe des ausgebildeten Pyramidensystems bestimmte Gestenbewegungen zu unterdrücken, und ist dadurch zum Wortverständnis fortgeschritten, obwohl es das Sprechen selbst noch nicht erworben hat. Denn das Verstehen der Worte, der Erwerb des Wort-Sinns selbst, ist eine notwendige Voraussetzung dafür, dass die Motorik des Sprechens, also die Sprechbewegung selbst, sich ausbilden kann. Solange das Kind plappert, hat es noch keinen Wort-Sinn entwickelt. Erst nachdem dieser sich entfaltete, wird schrittweise das Plappern in das Sprechen umgewandelt.

Diese stufenweise Entwicklung muss klar ins Auge gefasst werden, da sonst dem Werden des kindlichen Geistes kein volles Verständnis entgegengebracht wird: Durch den Erwerb des aufrechten Ganges wird der Sprach-Sinn geboren. Durch die Geburt des Sprach-Sinns aber entfaltet sich erst das Sprechen.

Rudolf Steiner hat oft darauf hingewiesen, dass sich das Sprechen aus der gesamten willkürlichen Motorik heraus bildet. In dem oben zitierten Vortrag stellt er diese Verhältnisse in der folgenden Art dar: «Wenn wir den Menschen mit den Mitteln der Geisteswissenschaft untersuchen, dann finden wir, dass dasjenige, was dem Worteverstehen zugrunde liegt und was dem Sprechen zugrunde liegt, sehr verwandt ist miteinander ... das Sprechen stammt aus dem Seelischen, wird angefacht durch den Willen im Seelischen. Ohne dass wir wollen, also einen Willensimpuls entwickeln, kommt natürlich kein gesprochenes Wort zustande. Beobachtet man nun geisteswissenschaftlich den Menschen, wenn er spricht, so geschieht etwas Ähnliches in ihm, wie da geschieht, wenn er das Gesprochene versteht. Aber das, was geschieht, wenn der Mensch selber spricht, umfasst einen viel kleineren Teil des Organismus, viel weniger vom Bewegungsorganismus. Das heißt: Der ganze Bewegungsorganismus kommt in Betracht als Sprach-Sinn, als Wort-Sinn; der ganze Bewegungsorganismus ist Sprach-Sinn zugleich. Ein Teil aber ist herausgehoben und wird in Bewegung gesetzt durch die Seele, wenn wir sprechen. Und dieser herausgegriffene Teil des Bewegungsorganismus, der hat eben sein hauptsächliches Organ im Kehlkopf, und das Sprechen ist Erregung der Bewegungen im Kehlkopf durch die Impulse des Willens. Was im Kehlkopf vorgeht beim eigenen Sprechen, kommt so zustande, dass aus dem Seelischen heraus die Willensimpulse kommen und den im Kehlkopfsystem konzentrierten Bewegungsorganismus in Bewegung versetzen, während unser gesamter Bewegungsorganismus Sinnesorganismus ist für die Wortwahrnehmung.»

Diese Ausführungen weisen mehrmals darauf hin, dass der «Bewegungsorganismus», dessen ruhenden Anteil (das pyramidale System) wir als das Organ des Sprach-Sinnes erkannt haben, in engster Weise auch das Sprechen selbst in sich birgt. Nur ist der Sprechprozess auf die um den Kehlkopf herum sich ordnenden Sprachorgane konzentriert. Dort werden die Muskeln der Zunge, der Wangen und Kiefer und des Kehlkopfapparates innerhalb des Bewegungsorganismus betätigt.

Unsere Überlegungen haben uns dahin gebracht, dass wir erkennen mussten: Im Ablauf der Sprachentwicklung des kleinen Kindes entfaltet sich der Denk-Sinn. Das geschieht während des zweiten Lebensjahres, und die Bildung des Denk-Sinns steht in einem ähnlichen Verhältnis zum Erwerb des Sprechens wie die Erlangung des Wort-Sinns zum Erwerb des aufrechten Ganges.

Dürfen wir daraus folgern, dass das zu findende Organ des Denk-Sinns in ähnlich innigem Zusammenhang mit den Sprechorganen zu suchen ist, wie das Organ des Sprachsinnes mit der Bewegungsfähigkeit gefunden wurde? Wir müssten also die Nervenversorgung des Kehlkopfs und seines komplizierten Muskelapparates untersuchen, um hierauf eine Antwort zu bekommen.

Die Muskeln des Kehlkopfes, die in ihrer Vielfalt und komplexen Anordnung alle feineren Bewegungen, die für den Sprechakt notwendig sind, ermöglichen, sind in sich selbst eine Art Miniaturmuskelsystem. Die Bauch-, Brust-, Rücken- und Gliedmaßenmuskeln in ihrer Vielzahl und Größe sind hier nicht nur verkleinert, sondern auch vereinfacht und wie zu einem Knoten zusammengezogen. Dennoch ermöglichen sie die unendliche Variationsbreite, die zur Erzeugung der Sing- und Sprechstimme in all ihren Abstufungen notwendig ist. Dieses Bewegungssystem im kleinen wird von zwei größeren Nervenästen versorgt, die, von oben und von unten kommend, als Paare rechts und links in das Kehlkopforgan eindringen und sich darin, zu den Muskeln und allen anderen Geweben ziehend, verästeln.

Bisher aber ist in der Physiologie noch mit viel zu wenig Erstaunen die Tatsache beachtet worden, dass diese beiden Nervenäste Zweige eines der zwölf Gehirnnerven sind, der als Nervus vagus bezeichnet wird. Dieser Nervus vagus ist unter den zwölf Hirnnerven deshalb ein ganz besonderer, weil er als einziger von ihnen dem autonomen Nervensystem angehört. Das ist jenes über den ganzen Körper ausgebreitete Nervengeflecht, das vor allem die Regulation der großen Organe, der Blutgefäße und des Flüssigkeitskreislaufs durch die Gewebe kontrolliert – ein Nervensystem, dessen Funktion sich vor allem mit den im Unterbewusstsein unserer Existenz sich vollziehenden Organprozessen beschäftigt. Die Absonderungen der großen Drüsen, die Schlagfolge des Herzens, die Bewegungen von Magen und Darm, die Spannung der Wände aller Blutgefäße werden vom autonomen Nervensystem gesteuert.

Gerade aus jenem dumpfen Geschehen, das nur in krankhaften Zuständen unser Tagesbewusstsein erreicht und sich dann als Schmerz, Missbehagen und

Organgefühl, wie Hunger und Durst, kundgibt, gerade von dem Nerv, der diesen vegetativen Schichten unseres Daseins zugeordnet ist, ziehen Zweige zum Kehlkopf und regulieren eine der höchsten menschlichen Leistungen: das Sprechen.

Das ist ein besonders seltsames Phänomen, das voller Beachtung bedarf. Denn das Sprechen ist ein durchaus willkürlicher motorischer Akt, ist aber trotzdem, im Gegensatz zu allen anderen willkürlichen Bewegungen, nicht an die Nerven des pyramidalen Systems gebunden. Vielmehr gehört dieser so hochstehende Bereich menschlichen Daseins, gerade was seine Nervenversorgung angeht, den vegetativdumpfen Schichten an. Das kann damit erklärt werden, dass der Kehlkopf ein Teil des Atmungsapparates und nicht des Muskelapparates ist; damit wird aber nur eine Brücke über die Untiefen dieses Gestaltproblems gebaut; die Untiefen selbst werden damit nicht erforscht. Dennoch sollte versucht werden, ein erstes Verständnis für dieses sonderbare Phänomen zu finden.

In einer schönen Studie[74] hat *Rudolf Treichler* nachgewiesen, dass die Gesamtheit des autonomen Nervensystems sehr eng mit dem Lebens-Sinn zusammenhängt; ja, dass man mit großer Berechtigung davon sprechen kann, dass es sich bei diesem Nervensystem um das Wahrnehmungsorgan für den Lebens-Sinn handelt. Wir können also den Bereich des vegetativen oder autonomen Nervensystems der Gesamtheit unserer Lebensregungen und Lebensprozesse zurechnen; aus diesen vegetativen Geschehnissen lässt es bestimmte Empfindungen wie eben Hunger und Durst, Wohlbehagen und Missbehagen und manche andere Körperempfindungen die Schwelle des Bewusstseins erreichen.

In dem oben angeführten Vortrag, in welchem *Rudolf Steiner* sich bemüht, die Organe der drei höchsten Sinne zu beschreiben, findet sich auch eine Darstellung, die dem Organ des Denk-Sinns gewidmet ist. Da heißt es: «Was ist das Wahrnehmungsorgan für die Gedanken des anderen Menschen? Dieses Wahrnehmungsorgan ist alles dasjenige, was wir sind, insofern wir in uns Regsamkeit, Leben verspüren. Wenn sie sich also denken, dass sie in ihrem ganzen Organismus Leben haben und dieses Leben eine Einheit ist, so ist diese in ihnen getragene lebendige Regsamkeit des gesamten Organismus, insofern sich dieses Leben ausdrückt im Physischen, Organ für die Gedanken, die uns von außen entgegenkommen ... Würden wir nicht so belebt sein, wie wir sind, wir könnten nicht die Gedanken des anderen wahrnehmen. Das ist nicht der Lebens-Sinn, von dem ich hier spreche. Nicht dass wir unsere Gesamtlebensverfassung innerlich wahrnehmen, ist hier in Frage – das gehört zum Lebens-Sinn –, sondern insofern wir das Leben in uns tragen: und dieses Lebendige in uns, alles das, was in uns physischer Organismus des Lebens ist, das ist Wahrnehmungsorgan für die Gedanken, die der andere Mensch uns zuwendet.»

Aus diesen Andeutungen *Rudolf Steiners* geht eindeutig hervor, dass er das Organ des Denk-Sinns im Bereich der «Regsamkeit» und des «Lebens» in uns findet; eben in jenen Regionen, die dem autonomen Nervensystem zugehören. Dürfen wir uns dabei vorstellen, dass dieses lebendige Weben aller auf- und abbauenden Prozesse selbst das Organ des Denk-Sinnes ist? Der Geistesforscher macht da eine bestimmte Einschränkung, indem er davon spricht und es noch zweimal betont, dass er das Leben meint, «insofern es sich ausdrückt im Physischen», oder eben das, «was in uns physischer Organismus des Lebens ist». Wie kann das verstanden werden?

Eine eingehende Untersuchung des autonomen Nervensystems hat die Physiologen und Neurologen allmählich dazu geführt, zwei voneinander verschiedene Teile in diesem Bereich zu unterscheiden: ein «sympathisches» und ein «parasympathisches» Gebiet. Beiden werden sehr verschiedene Funktionen zugeordnet, die einander wie polar gegenüberstehen. So wird dem Sympathicus eine mehr erregende, dem Parasympathicus eine mehr beruhigende Wirkung zugeschrieben. Eine Unmenge von Theorien und Annahmen sind auf diese polare Funktion des einheitlichen autonomen Nervensystems aufgebaut worden. Der sich ein ganzes Leben mit diesen Fragen beschäftigende Schweizer *Heß* formuliert es so, dass «der Sympathicus der Entfaltung aktueller Energie, der Parasympathicus der Restituierung und Erhaltung potentieller Leistungsfähigkeit diene».[75] *Treichler* charakterisiert diese Polarität in seiner oben erwähnten Studie in der folgenden Art: «Erwähnt sei noch, dass der parasympathische Anteil, der durch den Nervus vagus repräsentiert wird, mehr der Wahrnehmung der Formzustände dient, wogegen vom sympathischen Anteil die Tätigkeiten der Organe wahrgenommen und vermittelt werden.»

Hier liegt nun eine Formulierung vor, die für unser Problem wegleitend sein kann. Die Theorienbildung um die Funktion des vegetativen Nervensystems leidet heute an einem fatalen Irrtum. Man schreibt diesen Nerven eine tätige, das heißt im weitesten Sinne motorische Wirkung zu und übersieht fast gänzlich, dass es sich auch bei ihnen um rein sensorische, d. h. empfindende Organe handelt. Und wenn *Treichler* dem sympathischen Teil die Empfindungsfähigkeit für die Lebenstätigkeit der Organe zuschreibt, so wird er wohl die richtige Deutung dieses Anteils getroffen haben. Das sympathische Gebiet des autonomen Systems ist das Organ des Lebens-Sinnes. Was aber ist mit der «Wahrnehmung der Formzustände» gemeint?

Rudolf Steiner hat oft darauf hingewiesen, wie um das siebente Jahr des Kindes sich eine entscheidende Metamorphose seiner Lebenskräfte vollzieht. Bis dahin waren sie fast ausschließlich an die organischplastizierende Tätigkeit im Organismus hingegeben. Sie formten die Organe und Gewebe in ihrer Struktur und Gestalt. Um die Zeit des Zahnwechsels aber wird ein Teil dieser Bildekräfte frei und wandelt sich in jene Kräfte um, die das Denken für seine Tätigkeit benötigt. Das, was von *Treichler* als die «Wahrnehmung der Formzustände» bezeichnet und mit dem Nervus vagus in Verbindung gebracht wird, gehört zu jenen plastizierenden Lebenskräften, die sich später als Denkkräfte betätigen.

Können wir es aus allem bisher Vorgebrachten nicht wagen, dem Nervus vagus nun mit allen seinen zahlreichen Verästelungen, die sich durch den gesamten lebendigen Organismus hindurchziehen, die Rolle des Organes zuzuschreiben, welches dem Denk-Sinn angehört? Dieser Nerv ist ja der «physische», d. h. sich materiell dauernd erhaltende Teil aller im Organismus sich vollziehenden Lebenstätigkeiten. Und wie der sympathische Anteil des autonomen Nervensystems das Organ des Lebens-Sinnes, so ist der parasympathische Anteil, der als Nervus vagus mit dem Gehirn in Verbindung steht, das Organ des Denk-Sinnes.

Nun erhellt sich das seltsame Phänomen, von dem wir in diesen Überlegungen ausgegangen sind: dass die Muskeln des Kehlkopfes, als willkürliche Organe, von zwei Nervenpaaren versorgt werden, die sich aus dem Stamm des Nervus vagus abzweigen. Denn jetzt erst lernen wir verstehen, warum gerade anhand der Sprachentwicklung im Laufe des zweiten Lebensjahres der Denk-Sinn sich ausbildet. Das Kind, nachdem es den Wort-Sinn erworben hat, wird sich der umgebenden Sphäre der Sprache bewusst. Bis dahin hat es Worte und Sätze nur als Klang- und Geräuschzeichen wahrgenommen und fängt erst jetzt damit an, dem gesprochenen Ausdruck ein Verständnis entgegenzutragen. Es beginnt die Worte und Sätze, die es wahrnimmt, auch nachzuahmen und versetzt deshalb seinen Kehlkopf in die Tätigkeit des Sprechens. Denn nicht die Nervenimpulse, sondern die zum Sprechen sich anschickende Seele selbst bedient sich des Kehlkopfes als Sprachorgan. Dadurch aber durchdringen diese Versuche zur Lautbildung, die das Kind dauernd vollzieht, das Sprechorgan und seine Muskeln sowohl als die dazugehörigen Nerven. Die Muskeln kommen schrittweise unter die Herrschaft der sprechenden Seele, und durch die dazugehörigen Nerven strömen die Wortbilder in das gesamte autonome Nervensystem ein.[76] Dort verschmelzen sie mit den Lebensregsamkeiten des gesamten Organismus und prägen ihm die Eigenart seines Sprachkreises ein. Denn die Menschen sind in all ihren Lebensprozessen zutiefst vom Wirken der Sprache beeinflusst, in deren Sphäre sie aufwachsen und leben. Das kommt auf denjenigen Wegen zustande, die eben beschrieben wurden.

Auf diesen Nervenwegen aber strömen die einfließenden Wortformen, die den Lebensprozessen zugeordnet sind; sie durchwirken auch den Nervus vagus mit all seinen Ramifikationen und bilden ihn

Liebe Leserin, lieber Leser,

mit dieser Karte können Sie uns Ihre Fragen und Wünsche
oder Ihre Meinung zum Buch mitteilen.

Diese Karte entnahm ich dem Buch: ______________________________

Meine Meinung zu diesem Buch:

Ich habe folgende Fragen / Wünsche:

dadurch zu einem Organ um, das als physischer Apparat für die Tätigkeit des Denk-Sinnes wirken kann.

Die in den Lebensprozessen wirkenden Bildekräfte sind die gleichen, die alle lebendigen Gestalten der Welt aufgebaut haben. Sie wirken in der Natur sowohl als im Menschen. Damit aber sind sie Teil jener ewigen Ideen, die alles Leben und Sein bilden. Treffen sie mit den Formen der Worte und Laute zusammen, dann eröffnet sich der Zugang zu den Ideen selbst, der durch das Tor der Worte hindurchführt.

Wenn wir das pyramidale System als ein vieltausendsaitiges Musikinstrument bezeichnet haben, das uns die Wahrnehmung der Sprache ermöglicht, so ist der Nervus vagus als Gestalt die Zusammenfassung aller jener Gebiete, die als Lebensorganismus in uns wirken. Dieser Bereich ist die Sphäre der schaffenden Ideen, die bildend und entbildend im lebendigen Organismus walten. Als ein mächtiges, nicht gestaltetes, sondern im Lebens- und Tatenstrom sich dauernd neu bildendes Gehirn kann diese Lebenssphäre angeschaut werden. Aus ihr erheben sich die Zweige und Äste des Nervus vagus, verbinden sich miteinander und fließen so zusammen, wie sich in der Krone eines Baumes die Zweige und Äste zum Stamm formen. Nur steigt hier der Stamm von unten nach oben und taucht mit seiner Wurzel in den Endteil jenes anderen Gehirnes ein, das als physische Struktur im Schädel eingeschlossen ist.

Aus dem lebendigen Spiel der Organe führt der Nervus vagus in das tote und geformte Gehirn; und auf dieser Brücke zwischen Leben und Tod bildet sich immer neu das Organ des Denk-Sinnes aus. Die durch das Wort des anderen Menschen uns zugetragenen Begriffe und Ideen begegnen im Nervus vagus den lebendigen Bildekräften, die im Lebensorganismus des Menschen wirksam sind. Aus dieser Begegnung entsteht jenes unmittelbare Erkennen, das jedem Sinnesprozess eigen ist. Es tritt dadurch in die Bewusstseinssphäre ein, weil der Nervus vagus die enge anatomische Verbindung mit dem Gehirn hat. So werden die in den Wortbildern enthaltenen Ideen für das Wachbewusstsein erkennbar und erlebbar.

Erst diese Phänomene geben ein erstes Verständnis für die morphologische Manifestation, die in der Nervenversorgung des Kehlkopfes zum Ausdruck kommt. Hier enthüllt sich das parasympathische Nervensystem, insofern es der Nervus vagus ist, als das Sinnesorgan des Denk-Sinnes.[77]

Der Ich-Sinn

Eine Zusammenfassung der im letzten Abschnitt gewonnenen Erkenntnisse ergibt die folgenden Tatsachen:

1. Im Verlauf des ersten Lebensjahres erwirbt das Kind anhand des aufrechten Ganges den Sprachsinn.
2. Der Sprachsinn eröffnet dem Kind die Sphäre des Wortes, und dadurch setzt die Sprachentwicklung im zweiten Lebensjahr ein.
3. Im Gang des Sprechenlernens aber bildet sich der Denk-Sinn aus.

Dem erwachenden Denk-Sinn ist es zuzuschreiben, dass im Laufe des dritten Lebensjahres das Kind für die Gedanken erwacht, die ihm durch die Worte der anderen Menschen vermittelt werden. Als einen Höhepunkt dieser Entwicklung entdeckten wir die Fähigkeit des Kindes, sich selbst mit dem Wort «ich» bezeichnen zu können. Damit aber wird die Schwelle des dritten Jahres überschritten.

Nun hat *Rudolf Steiner* in den späteren Darstellungen, die er seiner Sinneslehre gegeben hat, dem Sprach- und Denk-Sinn auch noch den Ich-Sinn hinzugefügt und ihn folgendermaßen charakterisiert. Er sagt: «Der Ich-Sinn ist nicht der Sinn für das eigene Ich, sondern für die Wahrnehmung des Ichs im andern. Es kommt hierbei nicht darauf an, dass man sein eigenes Ich weiß, sondern dass man dem anderen Menschen gegenübersteht und dass er einem sein Ich öffnet.»[78]

Eine ganz besonders ausführliche Darstellung von der Art, wie der Ich-Sinn funktioniert, gab *Rudolf Steiner* in den Vorträgen, die er zur Begründung der Waldorfschule hielt. Dort heißt es:

«Stehen Sie einem Menschen gegenüber, dann verläuft das folgendermaßen: Sie nehmen den Menschen wahr eine kurze Zeit, da macht er auf Sie einen Eindruck. Dieser Eindruck stört Sie im Innern: Sie fühlen, dass der Mensch, der eigentlich ein gleiches Wesen ist wie Sie, auf Sie einen Eindruck macht wie eine Attacke. Die Folge davon ist, dass Sie sich innerlich wehren, dass Sie sich dieser Attacke widersetzen, dass Sie gegen ihn innerlich aggressiv werden. Sie erlahmen im Aggressiven, das Aggressive hört wieder auf; daher kann er nun auf Sie wieder einen Eindruck machen. Dadurch haben Sie Zeit, Ihre Aggressivkraft wieder zu erhöhen, und Sie führen nun wieder eine Aggression aus ... Das ist das Verhältnis, das besteht, wenn ein Mensch dem andern, das Ich wahrnehmend, gegenübersteht: Hingabe an den andern – innerliches Wehren – Sympathie – Antipathie ...

Da ist noch etwas anderes der Fall. Indem die Sympathie sich entwickelt, schlafen Sie in den anderen Menschen hinein, indem die Antipathie sich entwickelt, wachen Sie auf usw. Das ist ein sehr kurz dauerndes Abwechseln zwischen Wachen und Schlafen in Vibrationen, wenn wir dem anderen Menschen gegenüberstehen. Dass es ausgeführt werden kann, verdanken wir dem Organ des Ich-Sinnes. Dieses Organ des Ich-Sinnes ist also so organisiert, dass es nicht in einem wachenden, sondern in einem schlafenden Willen das Ich des andern erkundet – und dann rasch diese Erkundung, die schlafend vollzogen wird, in die Erkenntnis hinüberleitet, d. h. in das Nervensystem hinüberleitet.»[79]

Hier wird deutlich die Zweiphasigkeit der Ich-Wahrnehmung dargelegt, die sich gleich einem sehr verinnerlichten Atmungsvorgang zu vollziehen scheint. Anhand dieser Zweiphasigkeit lässt sich, wenigstens beiläufig, die Entwicklungsperiode angeben, während welcher das Kind den Ich-Sinn zu entfalten beginnt. Denn während der ersten beiden Lebensjahre ist es vorzüglich ein «sympathisch» dem anderen

Menschen gegenüber sich verhaltendes Wesen. Es ist, besonders wenn es sich um ein unverdorbenes Kind handelt, dem anderen Menschen gegenüber voller Vertrauen, und nur selten empfindet es dem Fremden gegenüber Missbehagen. Es kann als Kleinkind oft zögernd sein, wenn es andern begegnen soll; es kann auch Furcht und Angst dem Fremden gegenüber empfinden; hat es aber seine Scheu überwunden, dann stürzt es sich voller Sympathie in das andere Wesen hinüber, es «schläft» in den anderen hinein.

So schreibt *Elsa Köhler* von ihrem Annchen, als es zwei Jahre und sechs Monate alt ist:[80] «A. fühlt sich zur Geselligkeit gedrängt. Kinder verschiedenen Alters sind es, die ihre Aufmerksamkeit auf sich ziehen. Sie bleibt auf der Straße stehen, wenn sie eines sieht, läuft ihm entgegen, reicht ihm das Händchen, will ihm einen Kuß geben. Die erschreckten Mütter oder Kindermädchen reißen ihre Kinder oft weg und blicken A. unfreundlich an. Sie fühlt das Misstrauen nicht.» Dieses Kind ist in der Begegnung mit anderen Ichen noch ganz in Sympathie gehüllt und steht ihnen nicht «bewusst» gegenüber, das heißt, dass sie das Wechselspiel zwischen Sympathie und Antipathie im Bereich des Ich-Sinnes noch nicht entwickelt hat.

Auch ist in diesem Alter noch wenig Unterschied

zwischen Mensch, Tier und Gegenstand. Alle Gestalten der Umwelt sind einander gleich, im Tun sowohl als im Leiden. So kann Annchen davon sprechen, dass der Stoffhase ihr beim Essen zuschauen wird, und am nächsten Tag tut es die Orange, die auf dem Tisch liegt. So haben die Kinder auch Mitleid mit den Dingen sowohl wie mit den Menschen, und ein zerbrochener Zwieback kann genauso die Tränen fließen machen wie die Mutter, die mit Kopfschmerzen im Bett liegen muss. Ich erinnere mich eines kleinen Melancholikers, der mit drei Jahren, als wir alle beim Essen saßen, plötzlich in bitterliches Weinen ausbrach und dann allmählich uns wissen ließ, dass der einsam und unbenützt an der Wand stehende Stuhl ihm so großes Leid verursacht habe.

Diese Verhaltensweisen hängen aber nicht damit zusammen, dass das Kleinkind, wie eine oberflächliche Psychologie es deutet, alle Dinge anthropomorphosierend betrachtet, sondern vielmehr umgekehrt, alles einheitlich unbelebt und unbeseelt empfindet und deshalb immer wieder bemitleidet, fürchtet, bemuttert, und voller Sympathie in sich aufnimmt. *W. Hansen* ist ganz im Recht, wenn er dazu sagt: «Aber für das Kind besteht die Trennung von Subjekt und Objekt in der Hinsicht, dass das Subjekt Bewusstsein habe, indem es Kenntnis von dem von ihm unterschiedenen Objekt hat, noch keineswegs. So kann aus der Tatsache, dass es Bezeichnungen für Seelisches, wie Denken, Artigsein, Erwarten, Sichfreuen usw., auch auf tierische, pflanzliche und dingliche Umwelt anwendet, nur der eine berechtigte Schluss gezogen werden, dass es diese Bereiche der Welt von dem der beseelten Menschen noch nicht scheidet, dass es zwischen den verschiedenen Bereichen des Seins noch keine Grenzen zieht. Es denkt und verhält sich allem gegenüber in gleicher Weise.»[81]

Hieraus geht sehr deutlich hervor, dass im Kleinkind der Ich-Sinn noch nicht entwickelt sein kann, da es sonst die unmittelbare Unterscheidung zwischen dem Menschen und den anderen Wesen und Dingen seiner Umwelt hätte. Es umfasst alles mit einem gewissen Maß von Sympathie, das heißt, es schläft in die Dinge und Wesen hinüber, ohne ihnen im Rückstoß, in der aufwachenden Antipathie begegnen zu können.

Dieser Aufwachprozess aber vollzieht sich erst um die Zeit der ersten Trotzperiode. Zwischen dem dritten und vierten Jahr beginnt das Kind zum erstenmal, sich gegen die Umwelt zur Wehr zu setzen und seinen Eigenwillen antipathisch seiner Umgebung entgegenzustellen. Alles, was bisher leicht und ohne Aufhebens möglich war, geschieht nun unter Schwierigkeiten und Auseinandersetzungen. Das Kind will jetzt alles selbst tun: sich selber an- und ausziehen, selbstständig seinen Spielverlauf bestimmen und oft gerade ein anderes tun, als der Erwachsene möchte, dass es tue. In dieser Zeit kommt es zu den ersten Konflikten mit den Eltern und den Geschwistern, denn das Kind wird sich nun seines Eigenwesens ganz anders bewusst als jemals zuvor.

Denn jetzt hat die bedeutsame Begegnung stattgefunden, von der wir im vorigen Kapitel gesprochen haben. Wir beschrieben es so, dass wir die ewige Individualität des Kindes als den Erwecker des schlafenden Denkens bezeichneten und dann sagten: In dem Augenblick, da beide einander erblicken und Auge in Auge voreinander verweilen, erwacht zum erstenmal das Bewusstsein vom eigenen Ich. Dieser Bewusstwerdungsvorgang ist die Veranlassung für den Beginn der ersten Trotzperiode.

Deshalb beschreibt auch *Remplein* diese Epoche sehr anschaulich, indem er sagt: «Hinter der äußeren Ablehnung des Kindes von der Spielgemeinschaft steht eine bedeutsame Entwicklung des Ich-Bewusstseins … Der Ichpunkt, der bisher alle Erlebnisse gewissermaßen nur registrierte, ohne selbst bewusst zu werden, wird jetzt zum Gegenstand des Erlebens. Zugleich zerfällt die symbiotische Einheit von Kind und Welt: es erfolgt eine erste Abhebung des Ich vom Nicht-Ich. Dieser Übergang vollzieht sich ohne Überlegung und Selbstreflexion; im Handeln und in der Begegnung mit der Welt wird das Kind seiner selbst bewusst.»[82]

Dieser Prozess aber macht es möglich, dass die bisher so «sympathische» Haltung des Kindes zu einer ambivalenten wird und dass es ausgesprochen antipathische Züge in das Gefüge seiner Erlebnisse aufnimmt. Es sind nun nicht Furcht, Angst, Scham oder Abwehr des Fremden, die es in Gegensatz zu seiner Umgebung bringen; jetzt ist es das erwachende Selbstbewusstsein, das in die Trotzstellung hineinführt. Es ist eine durchaus positive Phase der Entwicklung, die sich hier anbahnt, und sie sollte als solche von Eltern und Erziehern gewertet werden. Das Kind erwacht zum Bewusstsein seines eigenen Selbstes und will dieses Erwachen nicht mehr verlieren; deshalb wird es trotzig.

Die Trotzhaltung gibt dem Kind erst die Möglichkeit, neben seiner sympathischen Begegnung mit dem anderen Menschen nun auch die Abwehr hinzuzuerwerben, denn nur im dauernden Wechselspiel dieser beiden Phasen der Seele kann sich der Ich-Sinn entwickeln. Diese Entwicklung aber scheint sich nicht so schnell und unmittelbar zu vollziehen, wie es für den Wort- und Denk-Sinn der Fall ist. Der Ich-Sinn bedarf einer langen Ausbildungszeit, ehe er vollständig entfaltet ist.

Ähnlich, wie wir schon im 3. Kapitel auf den «tiefgreifenden Unterschied» hingewiesen haben, der zwischen dem Gehen und Sprechen einerseits und dem Denken anderseits besteht, so ist auch ein tiefgreifender Unterschied zwischen dem Wort- und Denk-Sinn auf der einen und dem Ich-Sinn auf der anderen Seite vorhanden. Denn obwohl das erwachende Denken eine für die allmähliche Ausbildung des Ich-Sinnes notwendige Voraussetzung ist, bildet sich dieser höchste Sinn nicht anhand der Denkentwicklung aus, wie Wort- und Denk-Sinn sich im Laufe der Erwerbung des aufrechten Ganges und des Sprechens ausformten. Die Entwicklung des Denkens bringt zwar das Erwachen des Ich-Bewusstseins hervor; das letztere aber ist nicht der Ich-Sinn. Erst ein Wesen, das ein ausgebildetes Bewusstsein des eigenen Ichs erworben hat, kann als Folge davon einen Ich-Sinn entfalten.

Der Erwerb des Denkens wird wohl zum Spiegel des Ichs, und dieses beginnt daran sich selbst zu erleben. Erst dieses Selbst- Erlebnis aber ermöglicht die antipathische Haltung, die zur Ausformung des Ich-Sinnes notwendig ist. In der Begegnung zweier ichbewußter Wesen entbindet sich jene Zweiphasigkeit, die sympathische sowohl als die antipathische Regung, die zum unmittelbaren Erleben des anderen Ichs führt. – Noch fehlen eingehende Beobachtungen auf diesem Gebiet der kindlichen Entwicklung fast vollständig. Es ist jedoch anzunehmen, dass der Vater als Gestalt und Erscheinung der wichtigste Anreger für die Ausbildung des Ich-Sinns ist. Er wird zum Symbol der Umwelt, die nicht schützend wie die Mutter, sondern fordernd vor dem Kind steht.

Die Ausbildungszeit des Ich-Sinns reicht etwa bis ins neunte Jahr. An dieser Schwelle der kindlichen Entwicklung, auf die *Rudolf Steiner* besonders hingewiesen hat, kommt es zur Konsolidierung des Ich-Sinnes. Er beschreibt diese Umwandlungszeit mit den folgenden Worten: «Im neunten Jahr erlebt das Kind wirklich eine völlige Umgestaltung seines Wesens, die hinweist auf eine bedeutsame Umgestaltung seines Seelenlebens, auf eine bedeutsame Umgestaltung seines leiblich-physischen Erlebens. Der Mensch beginnt von da ab sich abgesondert zu fühlen von seiner Umgebung. Er lernt unterscheiden zwischen Welt und Ich. Wenn wir richtig zu beobachten verstehen, so müssen wir sagen: Welt und Ich fließen mehr oder weniger bis zu diesem Lebensumschwung im menschlichen Bewußtsein zusammen. Vom neunten Lebensjahr an – natürlich ist das approximativ gemeint – unterscheidet der Mensch sich und die Welt. Dies muß durchaus beachtet werden bei dem, was wir als Unterrichtsstoff und Erziehungsleben vom neunten Lebensjahre an an das Kind heranbringen. Wir tun gut, bis dahin nicht allzusehr das Kind zu beirren mit der Schilderung, der Charakteristik von Dingen, die abgesondert vom Menschen sind oder abgesondert vom Menschen betrachtet werden. Wenn wir dem Kind eine Fabel erzählen, wenn wir dem Kind Märchen erzählen, so fabulieren wir über Tiere und vielleicht über Pflanzen so, wie wir etwa auch über einen Menschen sprechen können. Tiere und Pflanzen werden personifiziert. Sie werden mit Recht personifiziert, weil das Kind noch nicht unterscheidet zwischen Ich und Welt; aus diesem Grunde soll das Kind die Welt ähnlich sehen dem, was es in sich selbst erlebt.»[83]

Mit dem neunten Jahr aber wird dieses Erlebnis radikal anders. Denn jetzt ist der Ich-Sinn zur völligen

Ausbildung gekommen, und das Kind lernt aus dieser Sinneserfahrung heraus, zwischen dem Menschen und den anderen Naturwesen zu unterscheiden. Das Märchen- und Legendenalter kommt zu Ende. Nun werden die Eltern und Lehrer kritisch beobachtet, und das Ich beginnt sich am anderen Ich zu messen. Das Erwachen in die Sphäre der Persönlichkeit hat eingesetzt. Was mit dem ersten Trotzalter begonnen hat, ist zu einem Abschluss gekommen.

Rudolf Steiner hat an zwei Orten über das dem Ich-Sinn zugrunde liegende Sinnesorgan etwas ausgesagt. An der einen Stelle heißt es: «Das Organ für die Wahrnehmung der Iche ist über den ganzen Menschen ausgebreitet und besteht in einer sehr feinen Substantialität, und daher reden die Menschen nicht vom Ichwahrnehmungsorgan.»[84]

An der zweiten Stelle wird noch viel ausführlicher von diesem Sinnesorgan gesprochen: «Die Ichwahrnehmung hat nun ebenso ihr Organ wie die Sehwahrnehmung oder Tonwahrnehmung. Nur ist das Organ der Ichwahrnehmung gewissermaßen so gestaltet, dass sein Ausgangspunkt im Haupte liegt, aber das ganze Gebiet des übrigen Leibes, insoferne es vom Haupte abhängig ist, Organ bildet für die Ichwahrnehmung des anderen. Wirklich, der ganze

Mensch als Wahrnehmungsorgan gefasst, insoferne er hier sinnlich-physisch gestaltet ist, ist Wahrnehmungsorgan für das Ich des andern. Gewissermaßen könnte man auch sagen: Wahrnehmungsorgan für das Ich des andern ist der Kopf, insoferne er den ganzen Menschen an sich anhängen hat und seine Wahrnehmungsfähigkeit für das Ich durch den ganzen Menschen durchstrahlt. Der Mensch, insoferne er ruhig ist, insoferne er die ruhige Menschengestalt ist mit dem Kopf als Mittelpunkt gewissermaßen, ist Wahrnehmungsorgan für das Ich des andern Menschen. So ist das Wahrnehmungsorgan für das Ich des andern Menschen das größte Wahrnehmungsorgan, das wir haben, und wir sind selbst als physischer Mensch das größte Wahrnehmungsorgan, das wir haben.»[85]

Einer solchen Beschreibung kann eigentlich nur wenig hinzugefügt werden. Denn hier wird offenbar, dass die Gesamtheit des menschlichen Leibes, «insoferne er vom Kopfe abhängig ist», das Wahrnehmungsorgan für den Ich-Sinn ist. Nun wächst aber das Kind bis etwa zum neunten Jahr gerade aus den Kräften des Kopfes heraus. Denn als Kleinkind ist der Kopf im Verhältnis zur übrigen Leibesorganisation noch übergroß. Erst allmählich, und gerade in der Zeit zwischen dem dritten und neunten Jahr, harmonisiert sich dieses Missverhältnis. Die Gliedmaßen strecken sich, der Stamm des Leibes vergrößert sich und das Haupt bleibt im Wachstum zurück. Dadurch aber entsteht jene besonders wohlgeformte Leibesstruktur, die Kinder gerade um das neunte Lebensjahr herum haben. Aus der Kleinkindform ist durch den «ersten Gestaltwandel» *(Zeller)*, der sich um das siebente und achte Jahr herum vollzieht, jene «präpuberale Gestalt» *(Zeller)*, die eine vollkommene Harmonie in ihrer Architektur aufweist, entstanden.

Die Erreichung dieser Körpergestalt ist aber wirklich vom Kopf abhängig, denn ihre Ausbildung steht in engstem Zusammenhang mit der Funktion zweier innersekretorischer Drüsen, die Teilorgane des Gehirnes sind: der Zirbeldrüse oder Epiphyse und der Gehirnanhangsdrüse oder Hypophyse. Das Zusammenwirken dieser beiden Organe reguliert die Wachstums- und Gestaltungskräfte in solcher Art, dass sie zu harmonischen oder disharmonischen Ausbildungen der Leibesform führen. Das Gleichgewicht zwischen Epiphyse und Hypophyse bringt die harmonische Gestalt des neunjährigen Kindes zustande. Vorher ist die Epiphyse, nachher die Hypophyse im Übergewicht ihrer Wirksamkeit.

Diese vollendete Leibesform, die erst später

während der Pubertät korrumpiert wird, fällt in ihrer Ausbildung mit der Vollendung des Ich-Sinnes zusammen. In dieser Epoche seiner Entfaltung hat der Mensch den höchsten Grad seiner physischen Entwicklung erreicht. Er ist zum wirklichen Bild des Menschen geworden, der auch den höchsten Sinn, den Ich-Sinn, entfaltet hat.

Von hier beginnt in einer gewissen Hinsicht wieder ein Abstieg. Denn durch Vorpubertät und Reifezeit entwickeln sich die Leibesglieder zu irdischen Gebilden, die den Hauch des Jenseits, den sie noch um das neunte Jahr mit sich getragen haben, verlieren. Der wachsende Mensch verfällt dem Erdbereich, wird schwer und schwierig und um seinen Schicksalsweg bekümmert.

Er hat aber den Ich-Sinn erworben, und der verbleibt ihm als lebenslanges Angebinde, das er aus dieser Hoch-Zeit seines Lebens mit sich tragen darf. Ebenso verbleiben ihm der Wort- und der Sprach-Sinn als Geschenke, durch die er sich dem Geist des Daseins nähern kann.

Durch den Sprach-Sinn erschließen sich ihm alle Schätze des Wortes. Durch den Denk-Sinn enthüllen sich ihm die Weistümer alles Gewordenen und Werdenden. Durch den Ich-Sinn kann er den anderen

Menschen als Bruder erkennen. Damit aber hat ihn seine Kindheit mit einem unverlierbaren Gut ausgerüstet.

Gehen, Sprechen und Denken haben ihn zum Menschen gemacht; sie haben ihn aus einem Geschöpf zu einem sich selbst erkennenden Wesen erhoben. Sprach-, Denk- und Ich-Sinn aber verhelfen ihm dazu, sich den Geistesgründen aller Existenz zu nähern. Sie eröffnen ihm die Wege in höhere Welten, die jenseits der Sinneswelt liegen. In jenen drei höchsten Sinnen beginnt die Sphäre der Sinne sich selbst aufzuheben. Sie weist sich selbst den Weg zu ihrer eigenen Überwindung. Das ist ein Opfer, da es in die Vernichtung führt. Aber dahinter wartet eine Auferstehung. Die Sinnenwelt wird zerbrechen, und hinter ihr wird eine Geisteswelt sich auftun.

Getrost, das Leben schreitet
Zum ew'gen Leben hin;
Von inn'rer Glut geweitet
Verklärt sich unser Sinn.
Die Sternwelt wird zerfließen
Zum goldnen Lebenswein,
Wir werden sie genießen
Und lichte Sterne sein.

Novalis

Anmerkungen

1 William Stern, *Psychologie der frühen Kindheit*, Leipzig 1928. Neuausgabe bei der Wiss. Buchgesellschaft, Darmstadt 1993.

2 A.a.O.

3 Berthold Sigismund, *Kind und Welt*, Braunschweig 1897.

4 A. Magnus und A. de Kleijn «Körperstellung, Gleichgewicht und Bewegung». Handbuch d. normalen u. patholog. Physiologie. Bd. XV/1. Berlin 1930.

5 «Mein Leben», in *Adalbert Stifters Leben und Werk in Briefen und Dokumenten*, Frankfurt 1962.

6 Stern, a.a.O., S. 95.

7 Adolf Portmann, *Biologische Fragmente zu einer Lehre vom Menschen*, Basel 1944.

8 Alle folgenden Zitate nach J. Brock, *Biologische Daten für den Kinderarzt*, 2. Bd., Berlin 1934.

9 Otto Storch, *Die Sonderstellung des Menschen im Lebensabspiel und Vererbung*, Wien 1948.

10 Portmann, a.a.O., S. 72.

11 Rudolf Steiner, *Die geistige Führung des Menschen und der Menschheit,* Gesamtausgabe (GA) 15, Dornach ^{10}1987.

12 Rudolf Steiner, *Zeitgeschichtliche Betrachtungen. Erster Teil*, GA 173, Vortrag vom 21.12.1916, Dornach 1978.

13 Portmann, a.a.O., S. 74.

14 Rudolf Steiner, «Die Geisteswissenschaft und die Sprache», Vortrag vom 20.1.1910, in: *Metamorphosen des Seelenlebens. Zweiter Teil*, GA 59, Dornach 1984.

15 Arnold Gehlen, *Der Mensch: Seine Natur und seine Stellung in der Welt*, Bonn 1950, S. 208.

16 Siehe auch das Zitat Rudolf Steiners im Kapitel «Das Erwachen des Denkens», S. 101f.

17 Karl Bühler, *Die geistige Entwicklung des Kindes*, Jena 1922, S. 213 ff.

18 Friedrich Kainz, *Psychologie der Sprache*, 2. Bd., Stuttgart 1943, S. 3.

19 Walter Porzig, *Das Wunder der Sprache*, Bern 1950, S. 54.

20 Kainz, a.a.O., S. 4.

21 Nach Stern, a.a.O.

22 Stern, a.a.O., S. 112.

23 Kainz, a.a.O., S. 35.

24 Wolfgang Köhler, *Intelligenzprüfungen an Anthropoiden,* Berlin 1917.

25 Karl Bühler, *Die geistige Entwicklung des Kindes,* Jena 1922.

26 Heinz Remplein, *Die seelische Entwicklung in der Kindheit und Reifezeit,* München 1950.

27 Zitiert nach Remplein, a.a.O.

28 Ich stütze meine Beschreibung auf die Darstellungen bei Helene Homeyer, *Von der Sprache zu den Sprachen,* Olten 1947.

29 Elsa Köhler, *Die Persönlichkeit des dreijährigen Kindes*, Leipzig 1926.

30 Rudolf Steiner, *Kunst und Lebensfragen im Lichte der Geisteswissenschaft*, GA 162, Vortrag vom 17.7.1915, Dornach ^{2}2000.

31 Rudolf Steiner, *Bausteine zu einer Erkenntnis des Mysteriums von Golgatha,* 4. Vortrag vom 12.4.1917, GA 175, Dornach ^{3}1996.

32 Rudolf Steiner, *Die Wissenschaft vom Werden des Menschen*, Vorträge 1918, GA 183, Dornach ^{2}1990.

33 Rudolf Steiner, *Die Weltgeschichte in anthroposophischer Beleuchtung und als Grundlage der Erkenntnis des Menschengeistes*, 1. Vortrag vom 24.12.1923, GA 233, Dornach ^{5}1991.

34 William Stern gibt in seiner *Psychologie der frühen Kindheit* eine Auslegung des Merkens und Besinnens, die sich von der obigen Darstellung unterscheidet.

35 Bühler, a.a.O., S. 314.

36 Stern, a.a.O., S. 204.
37 Stern, a.a.O., S. 200.
38 Rudolf Steiner, *Allgemeine Menschenkunde als Grundlage der Pädagogik,* 2. Vortrag vom 22. 8.1919, GA 293, Dornach [9]1992.
39 Stern, a.a.O., S. 233.
40 Elsa Köhler, a.a.O., S. 67.
41 Stern, a.a.O., S. 138.
42 Köhler, a.a.O., S. 67.
43 Karl Rauch, *Der Schatten des Vaters*, Esslingen 1954.
44 Dieses und das folgende Zitat nach Hans Reichardt, *Die Früherinnerung als Trägerin kindlicher Selbstbeobachtungen in den ersten Lebensjahren,* Halle 1926.
45 Adolf Busemann, Erregungsphasen der Jugend, in: *Zeitschrift für Kinderforschung 33*, 1927.
46 Köhler, a.a.O., S. 232.
47 Rudolf Steiner, *Die geistige Führung des Menschen und der Menschheit,* a.a.O., S. 5.
48 Remplein, a.a.O., S. 143.
49 Rudolf Steiner, a.a.O., S. 6.
50 Stern, a.a.O., S. 116.
51 Max Scheler, *Abhandlungen und Aufsätze,* 1. Band, S. 329 ff., Leipzig 1915.
52 Ludwig Binswanger, *Ausgewählte Vorträge und Aufsätze*, 2. Band, S. 308, Bern 1955.
53 Rudolf Steiner, *Anthroposophie, Psychosophie, Pneumatosophie,* GA 115, Dornach [5]2012.
54 So kann z. B. die gesamte Problematik des Aphasierätsels erst durch diese Vorstellungen einer allmählichen Lösung zugeführt werden. Und die so brennenden Fragen, welche die Lese- und Schreibstörungen des Kindesalters aufgeben, werden erst von hier aus einem wirklichen Verständnis begegnen.
55 Rudolf Steiner, *Von Seelenrätseln*, Berlin 1916, GA 21, Dornach [5]1983.

56 Charles Wilfred Valentine, *The Psychology of Early Childhood*, London 1942, S. 393.
57 Valentine, a.a.O., S. 399.
58 William T. Preyer, *Die Seele des Kindes*, Leipzig 1900, S. 306. Reprintausgabe im Springer Verlag, Berlin 1989.
59 Stern, a.a.O., S. 115.
60 Preyer, a.a.O., S. 308.
61 Steiner, *Anthroposophie. Ein Fragment*, GA 45, Dornach [3]1980, S. 22.
62 Valentine, a.a.O., S. 414.
63 Steiner, a.a.O., S. 23.
64 Was als Gestaltpsychologie, oft so unverstanden, heute lebt, hat hier, im Sprach-Sinn, seine wahren Wurzeln. Darüber könnte aber nur in einem viel weiteren Rahmen gesprochen werden.
65 Stern, a.a.O., S. 113.
66 Steiner, a.a.O., S. 23.
67 Valentine, a.a.O., S. 420.
68 Zitiert nach Kainz, *Psychologie der Sprache*, Bd. 2, Stuttgart 1943, S. 52.
69 Zitiert nach Alfred Schmitt, *Helen Keller und die Sprache*, Münstersche Forschungen, Heft 8, Münster 1954. Siehe hierzu auch: Helen Waite, *Öffne mir das Tor zur Welt. Das Leben der taubblinden Helen Keller und ihrer Lehrerin Anne Sullivan*, Stuttgart [6]2010.
70 Siehe dazu auch Karl König, «Die Geistgestalt Helen Kellers», in: *Das Seelenpflege-bedürftige Kind*, 3. Jahrgang, Heft 1, Michaeli 1956.
70a Rudolf Steiner, *Von Seelenrätseln* GA 21, Kapitel: «Über die wirkliche Grundlage der intentionalen Beziehung».
71 Siehe dazu die ausführlichen Darstellungen dieser Verhältnisse bei Karl König, «Der motorische Nerv wird entthront», in: *Die Drei*, Heft 1, 1955, und ders., «Die Nerventätigkeit kann nur durch eine Methode der Ausschließung erfaßt werden», in: *Beiträge zu einer Erweiterung der Heilkunst*, Heft 3/4, 1955.

72 Rudolf Steiner, *Das Rätsel des Menschen. Die geistigen Hintergründe der menschlichen Geschichte*, 14. Vortrag vom 2.9.1916, GA 170, Dornach [3]1992.

73 Kurt Conrad, New Problems of Aphasia, in: *Brain*, Vol. 77, 1954.

74 Rudolf Treichler, «Von der Welt des Lebenssinnes», in: *Beiträge zur Erweiterung der Heilkunst*, Jahrgang 1952, Heft 7/8.

75 Zitiert nach C. Kroetz, «Allgemeine Physiologie der autonomen nervösen Correlationen», in: *Handbuch der normalen und pathologischen Physiologie*, Band XVI, 2. Hälfte, Berlin 1931.

76 Die Vorstellung des gesamten autonomen Nervensystems als einer anatomisch-physiologischen Einheit wird heute allgemein anerkannt. So schreibt z.B. *Philipp Stöhr* in seinem Buch über die *Mikroskopische Anatomie des vegetativen Nervensystems*, Berlin 1928: «Der anatomische Befund drängt zu der Annahme, dass das gesamte sympathische System ein geschlossenes System darstellt, von welchem die äußersten Partien als freie Ästchen in die versorgten Epithelien-, Drüsen- und Muskelzellen zu untrennbar physiologischer wie anatomischer Einheit hineinversenkt sind oder als verschieden gestaltete sensible Endigungen ihren Lauf vollenden.»

77 Ich habe mich in diesem Abschnitt bewusst der Auseinandersetzung mit jenen Darlegungen enthalten, die Hans Erhard Lauer in seinem grundlegenden Buch über *Die zwölf Sinne des Menschen* (Basel 1953) im 5. Kapitel gibt. Dort wird ebenfalls der Versuch gemacht, die physischen Organe der «oberen» Sinne darzustellen. Eine Diskussion darüber würde hier zu unnötigen Längen führen und auch nur für einen kleinen Teil der Leser, für die dieses Buch gedacht ist, von Interesse sein.

78 Rudolf Steiner, *Weltwesen und Ichheit*, 2. Vortrag vom 13.6.1916, GA 169, Dornach [2]1963.

79 Rudolf Steiner, *Allgemeine Menschenkunde als Grundlage der Pädagogik*, 8. Vortrag vom 29.8.1919, a.a.O.

80 Elsa Köhler, *Die Persönlichkeit des dreijährigen Kindes*, Leipzig 1926, S. 110.

81 Wilhelm Hansen, *Die Entwicklung des kindlichen Weltbildes*, München 1949, S. 211.

82 Heinz Remplein, *Die seelische Entwicklung in der Kindheit und Reifezeit*, München 1950, S. 145.

83 Rudolf Steiner, *Die Erneuerung der pädagogisch-didaktischen Kunst durch Geisteswissenschaft,* 8. Vortrag vom 3.5.1920, GA 301, Dornach [3]1977.

84 Rudolf Steiner, *Allgemeine Menschenkunde als Grundlage der Pädagogik*, 8. Vortrag, a.a.O.

85 Rudolf Steiner, *Das Rätsel des Menschen. Die geistigen Hintergründe des menschlichen Geschichte*, GA 170, 14. Vortrag, a.a.O.